내 생애 마지막 다이어트

박원숙 지음

Bravo ♥ My Body

내 생애 마지막 다이어트

박원숙 지음

랜덤하우스

제 2장　엄마들의 다이어트는 따로 있다!

중년의 희망을 보여주고 싶다

중년의 여자들…, 그 위기

90년대 후반에 자전적 에세이로 내 인생을 세간에 죄다 공개한 적이 있는 내가 또 다시 책을 낸다니 주위의 시선은 제각각일 것이다. 그것도 '다이어트'를 주제로 말이다. 이 책을 시작하기에 앞서 다이어트 비디오를 만들자고 찾아온 이들에게 오랜 고민 끝에 승낙을 하게 된 까닭은 이 나이에도 여자로서 희망은 있다는 것을 몸소 보여주고 싶었기 때문이다.

내 나이 즈음에 이르면 단순히 예쁘게 보이기 위해서 '다이어트'를 하기보다는 40대, 그리고 50대라는 고개를 넘은 여자로서, 미모보다는 한 인간으로서 건강하고 아름다운 삶으로 인생의 후반을 보내고 싶다는 깨달음에 이르게 된다. 나 역시 그랬다. 절망과 슬픔에 빠져 낙망하고 있던 시간 속에서 어느 날 문득 정신 차려 보니, 내 몸은 건강한 정신을 품고 지낼만한 힘을 모두 잃고 헤매고 있었다. 이런 나를 일으키기 위해, 병원을 찾아 내 모습

그대로를 확인하기에 이르렀고, 새로운 목표를 하나 세우게 됐다.

몸이 주는 여러 가지 불안한 사인(sign)들은 바로 내가 건강한 정신과 영혼으로 나머지 생을 채워나갈 수 있기엔 버거운 상태라는 것을 알려줬고, 절망의 바닥에서 다시 일어나는 힘은 정신에서만 나오는 것이 아니라, 굳건한 체력을 지닌 몸에서부터 만들어지는 것이라는 해답을 찾았던 것이다.

쉰 다섯, 희망을 이야기 하다

중년 이후의 몸은 그 전과는 확실히 다르다. 몸만이 아니라 우리가 겪는 인생사도 그 이전과는 확연히 다르다는 것을 대한민국 어머니들이라면 누구나 알고 있다. 지나온 유년기, 청춘기의 과오들이 몸에도 고스란히 쌓여만 가는데, 이것을 그대로 안고 갈 것인가 자못 진지한 물음에 당면하는 것이다. 열흘을 울고, 보름을 울어도 못 다한 청년기의 슬픔과 자책을 버리기만 하고 가는 것이 아니라, 그것들을 발판 삼아 멋진 황혼을 적극적으로 만들어 가기 위해서, 몸은 제대로 돌봐야 할 내 인생의 기본이라는 것을 나는 이제야 깨달았다.

병을 앓고 나야 몸의 소중함을 깨닫는 것처럼 앞으로 남은 내 인생을 멋지게 꾸려나가기 위해서도 '건강'은 최고의 요소임이 분명하다. 그렇기 때문에 나는 내 나이 쉰 다섯에 젊은이들이나 하는 것이라고 취급 받기 쉬운

'다이어트'에 돌입했다. 이번에는 외모를 위해서도 아니고, 탤런트라는 직업 때문도 아니고, 내 인생의 후반전을 멋지게 꾸미기 위한 최고의 요소로 살 빼기부터 시작한 것이다.

다이어트 전, 내 삶을 불안하게 만들었던 것들이 다이어트에 성공한 후 놀랍게 변화했다. 내 나이 쉰 다섯, 스스로 미모에 내 일생 그 어느 때보다 더 자신감을 갖게 된 것은 물론이고, (이것은 이성을 의식하는 것과는 전혀 다른 문제이다. 자신의 몸에 대한 자신감은 삶의 자신감으로 연결되기 때문이다!) 앞으로의 삶도 더욱더 자신 있어진 것이다.

중년이 건강해야 사회가 산다

이 나이에 다이어트 비디오를 찍은 것부터 젊은 여성들처럼 돈을 위해서라든가, 인기를 위해서가 아니라 내 또래의 중년들에게 희망을 전해주고 싶어서였다. 중년의 여성들에게 우리나라는 삶의 희망을 주지 못하고 있다. 자식들을 다 키워 출가시키고, 남편의 일도 서서히 황혼을 준비하는 결실의 시기로 들어선 이 때에, 문득 자기 자신을 돌아보면 이렇다 할 것 하나 손에 쥐고 있지 못하다는 것을 확인하기에 이른다.

미국이나 프랑스 같은 선진국에서라면 이 나이야 말로 인생을 제대로 즐길 수 있는 시기로 들어간다고 한다. 젊어서 바쁘게 돈을 벌고, 집을 사느라, 애들을 키우느라… 꼭 하고 싶었지만 시간이 없어서, 돈의 여유가 없어서 할 수 없었던 많은 것들을 하나씩 이뤄가며 지내는 선진국의 중년이나 노년들을 보면 부럽기 짝이 없다.

현재 우리 사회에 중년 이후의 여성들이 즐길 수 있는 '문화'라는 것이 있을까? '여가'를 활용한다거나, 자신을 가꾸기 위해 무엇인가에 전념한다거나…. 그런 꿈을 꾸기엔 자신을 돌아볼 때, 약하고 초라해진 모습을 발견하기 일쑤다. 건강에도 자신이 없고, 금전적으로도 큰 여유를 갖지 못한 채.

내가 다이어트를 마치고 나서 크게 달라진 점은 이런 것을 배경으로 한다. 건강에 자신이 있어지자, 앞으로의 삶이 '희망'으로 바뀌었다. 그저 늘어진 몸과 마음으로 인해, 나머지 생마저 젊었을 때처럼 새로운 계획이라든가, 희망을 가지고 하고 싶었던 것들을 만들어 내지 못했던 현실이 완전히 바뀌게 된 것이다. 요즘은 하고 싶은 것, 이루고 싶은 것들이 퍽 많아졌다. 이전에 연기를 할 때보다 좀더 다른 느낌으로 하게 되었고, 이런 모습이 남들에게도 보이는지, MBC TV 인기 연속극 〈사랑은 아무도 못말려〉에 출연할 때는 이전과 다른 느낌이라는 소리를 많이 듣곤 했다.

그렇다! 몸이 주는 자신감은 외모에만 그치지 않았다. 쉰 다섯이 되어서야 내 인생의 꽃을 피우는 느낌이다. 씨앗을 잉태해 열매 맺고 그것들이 떨어져 나간 자국에서 다음을 생각해야 할 때가 아니라, 새로운 꽃과 열매를 기대할 수 있게 된 것이다. 젊어서의 힘들었던 모든 삶과 기뻤던 일들을 가슴에 안은 채, 더욱더 성숙한 새로운 모습의 꽃을 희망하기에 이른 것이다.

5주간의 도전, 그 힘든 기록!

여러 사정으로 책이 많이 늦어졌지만, 내 다이어트의 시작과 끝은 다음과 같다. 2005년 겨울, 12월에 시작해 1월초에 마무리를 지었다. 이를 통해 결혼한 여성이나 중년 여성을 대상으로 하는 운동 비디오 한편을 만들어 냈고, 그후 곧바로 MBC TV 연속극 〈사랑은 아무도 못말려〉에 들어갔는데, 이때 남편 역으로 출연했던 현석 씨가 오래간만에 만난 나를 보고 깜짝 놀랐다고 한다. 40대 때보다 더 아름다워졌다고.

실제로 이 드라마에서는 딸이 둘이나 있는 중년의 커리어 우먼 어머니로 나오느라 조금 더 나이가 들어 보이는 메이크업을 하고 다녔지만, 책이 마무리 되던 여름에는 표지의 사진과 같은 스타일로 거의 노메이크업에 가까운 얼굴로 다니곤 했다.

다이어트는 총 5주간에 걸쳐 이뤄졌다. 유산소 운동과 근력운동(웨이트 트레이닝)을 기본으로, 필라테스 동작을 응용한 본문의 체조 동작들을 위주로 운동을 했으며, 코치들이 짜준 식단을 지키기 위해, 이전의 식습관을 완전히 버렸다. 이에 대한 체계적인 기록과 내가 느낀 것들을 책으로 묶게 된 것이다.

중년의 다이어트는 그 이전 나이 대의 다이어트와는 확실히 다르다. 몸의 상태도 다르고, 호르몬 변화와 뼈 문제 등 신경 써야 할 것이 한 두 가지가 아니다. 그러므로, 유행하는 각종 다이어트 약이나 기계, 입소문만으로 검증이 안 된 방법들에 함부로 손을 댔다가는 이후의 건강이 어떻게 무너질지 아무도 보장하지 못한다.

엄마들의 건강은 가정의 기둥과 같다. 엄마의 건강이 무너지면 가정이 흔들리는 것은 당연하다. 물론 아버지들의 건강도 그러하겠지만. 그렇기 때문에, 우리 연령대를 위한 제대로 된 다이어트 정보가 필요하다.

내가 전문가들의 조언을 바탕으로 실시한 것들은 이 나이 대에 맞게 고안된 동작들이었다. 그것은 몸에 무리를 주지 않고 꾸준히 할 수 있는 것들이며, 우리 나이에 효과가 좋은 운동이었다.

운동을 시작하면서 가장 중요하고, 큰 효과를 본 것은 바로 '자세' 였다. 살이 빠지는 것도 중요하고, 몸무게 수치가 줄어드는 것도 중요하지만, 자세가 바뀌면서 몸의 많은 문제들을 동시에 해결하고, 살이 채 빠지기 전부터 자세로 인해 예뻐졌다는 얘기를 들으면서, 나 역시 척추의 통증 등이 사라진 것이 무엇보다도 기뻤다.

다이어트 후, 각종 질환이 사라졌다

살이 빠짐으로 인해서, 그동안 나를 괴롭혔던 몇 가지 몸의 질환들이 사라졌으며, 정신도 가벼워졌음은 물론이다. 실제로 처음 다이어트를 시작했을 때는 신나게 임했으나, 모든 다이어트에는 고비가 있기 마련이라, 어려웠던 적도 많았다. 도대체 체중계 바늘이 변화를 보이지 않을 땐, 힘들게 절제한 식욕과 식습관이 살아나기도 했었고, 스트레스를 참아내지 못할 땐, 다이어트고 뭐고 다 때려치우고 싶었던 적이 한두 번이 아니었다.

하지만, 난 절대 이전의 생활로 돌아가고 싶지 않았다. 몸의 자신감을 잃어, 앞으로의 삶의 무게를 더 처절히 느끼기 싫었던 것이다. 그럴 때 '체계적인 다이어트 프로그램'은 나를 일으켜 세우는 힘이 되었다. 그저 혼자서만 대충대충 아무 다이어트법을 실행하고 있었다면, 이렇게 단 시간 안에 8kg을 뺄 수 없었을 것이다. 게다가 내가 뺀 8kg은 그저 체중이 아니라, 주로 지방이었기 때문에, 몸은 더욱더 단단하게 근육이 만들어졌고, 근력이 꽤 좋아져, 마음까지도 튼튼하게 변할 수 있었다.

이 기록들은 단순히 8kg이란 수치가 중요한 것이 아니라, 나의 변화가 이끌어낸 '희망의 증거'이기도 하다. 그렇기 때문에 오십대 아줌마의 '사소한 다이어트'라고 비웃지 말아주길 바란다. 내 또래들에게 주는 응원이기도 하고, 우리 어머니들을 대신하는 역할모델이기도 하다고 자부하기 때문이다.

대한민국 모든 엄마, 파이팅!!!

　엄마들에게 사실 '운동'이란 일생을 통해 접하기 어려운 것일지도 모른다. 가사의 노동이 곧, 일이라고 생각하기 쉽고, 자녀를 양육하고, 남편을 돌보고. 시간이 훌쩍 지나 중년이 되고 보면 자신에게 무엇 하나 해주기엔 이미 시간이 늦었다고 느끼기 쉽다. 젊은 여성들처럼 헬스클럽에 나가기도 뭣하고, 그럴 여유도 없거니와 젊은 여성들을 똑같이 따라 하기도 힘들 따름이다.

　그렇다고 해서, 아름다움과 건강에 대한 의지가 없느냐면 전혀 반대다. 오히려 건강한 나머지 삶을 위해서, 한밤중에 동네 걷기를 한다거나, 찜질방 수다 모임을 통해서라도 무엇인가 엄마들도 노력을 하고 있기는 하다.

　이런 엄마들에게 제대로 된 운동 프로그램, 다이어트 법을 전한다면 우리 사회 모두가 건강해지는 것이 아닐까? 이 책이 전하는 것은 의외로 별 것 아니게 보일지도 모른다. 젊은 여성들이 보기엔 확실히 그럴 것이다.

　그러나, 나 탤런트 박원숙이 먼저 해본 것으로 우리 연령대에 맞는 내용과 프로그램으로 구성했으므로, 이 땅의 모든 자식들이여, 또는 남편들이여! 엄마를 돌아보고, 아내를 보살펴 새로 태어나게 도와주시길!!

그동안 자신만 생각해왔던 자식들이라면 엄마의 건강을 되살리는 기회를 만들어 드릴 것이며, 남편의 건강만 챙기느라 자신의 건강은 한쪽으로 미뤄놨던 아내의 노고를 까맣게 잊어버렸던 남편이라면, 아내 사랑하는 법을 새로 익히기를 바라는 바이다.

질병 없는 건강한 삶을 위하여

나는 요즘, 20대 초반에 했던 코카콜라 모델의 시기보다 현재가 더 아름답다는 이야기를 많이 듣는다. 그것은 단순히 외모만 이야기 하는 것은 아닐 것이다. 내 삶이, 연기가 더욱더 업그레이드 되어, 그것이 주는 아름다움을 칭찬해 주는 것으로 느껴진다.

미국의 오프라 윈프리가 젊어서의 고난과 절망, 그리고 희비를 겪고 나서 큰일을 해내게 된 것처럼, 그리고 많은 이들에게 희망을 주는 것처럼, 나는 쉰 다섯의 여성이 이룬 사소한 '다이어트'가 삶을 바꾸는 힘이 있다는 것을 믿는다.

오프라 윈프리가 살을 빼지 못했더라면 아직도 〈오프라 윈프리 쇼〉를 저렇게 자신만만하게 해낼 수 있을까? 그녀도 늘상 말한다. 수많은 다이어트로 몸과 정신을 망친 이들에게 '운동'을 권하고, 삶을 자신 있게, 희망차게 만들 것을!

나 역시, 이 책을 통해 그런 메시지를 전하고 싶었다. 단순히 개인의 다이어트 성공담으로만 읽혀지는 것이 아니라, 다이어트를 통해 이룬 결과가 많은 이들에게 희망의 전파 역할이 되었으면 좋겠다.

질병 없이 건강한 중년은 모든 이들의 꿈이다. 나뿐만이 아니라, 젊은이들의 목표이자, 이 땅의 엄마, 아버지들에게도 꼭 이루고 싶은 부분일 것이다. 나처럼 슬픔을 겪고 나서야 몸을 일으키는 사람이 없기를 바란다.

건강할 때 몸을 지키라는 말처럼, 약이나 갖은 민간요법, 잘못된 다이어트 정보로 몸을 망치지 말고 '운동'과 '식이요법'을 통해, 10년은 더 젊어질 수 있다는 '진리'를 깨닫고, 그것을 통해 아름다운 생을 채워나가길 희망하면서, 이 땅의 중년들에게 이 책을 바친다.

책이 나오기까지 많은 분들이 고생을 했다. 나우 엔터테인먼트의 유미라 대표를 비롯해, 전서연 팀장, 박기연, 정지원 코치, 그리고 도움말을 주신 각계 전문의 선생님들…. 다시 한번 책 한권을 통해 세상에 나가면서, 이 나이에 부끄러운 점도 많다. 그러나, 이를 통해 단 한명의 엄마라도 건강을 찾을 수 있다면, 나는 끝까지 외칠 것이다.

엄마들이 건강해야 모두가 건강하다고…. 대한민국 엄마, 파이팅!

탤런트 오한승

30대 이후, 여자 몸에 대해 알아보자!
30대 이후, 여자 몸은 확~ 달라진다!

운동치료사 한동길

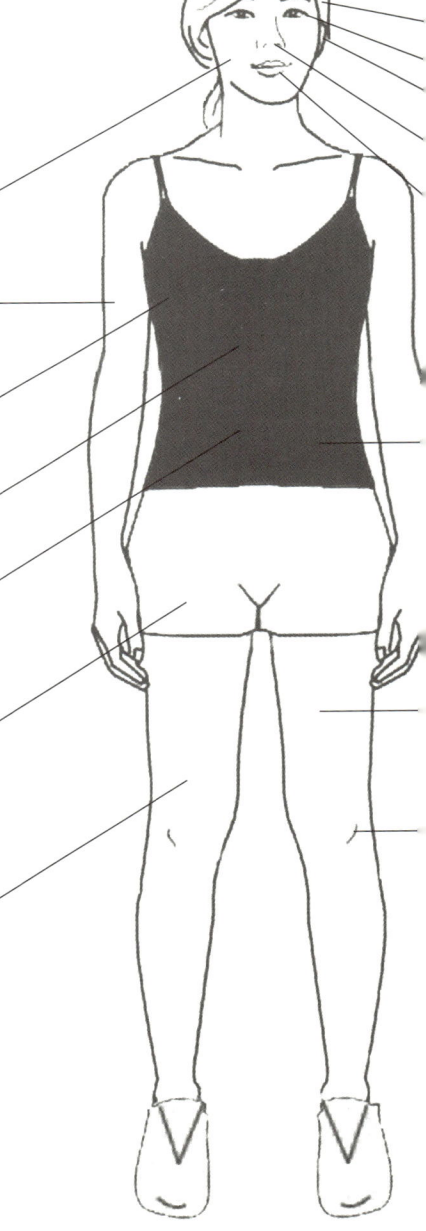

얼굴 주름이 늘고 탄력이 떨어진다

팔 팔 뒤쪽의 살이 늘어진다.
혈액순환 저하로 손이 차가워진다

가슴 만사에 기력이 떨어지고 우울해진다

심장 심장 기능저하로 자주 놀란다

배 배변기능의 약화로 쉽게
변비가 생긴다

생식기 질이 쉽게 건조해져,
성교통이 생긴다.
비뇨기 잔뇨감이 생기고
요실금이 나타난다

근육 근육이 쉽게 뭉치고 딱딱해진다

노화는 여성의 몸을 어떻게 변화시키는가

머리카락 모발이 많이 빠지고 흰 머리가 늘어난다

뇌 기억력이 떨어진다

눈 시력이 떨어진다

귀 청력저하로 균형감각이 떨어진다

코 후각기능이 저하되고, 재채기와
콧물이 자주 난다

입 미각이 떨어져 입맛을 쉽게 잃는다

허리 내장비만이 늘고, 복부 쪽 근육의
탄력은 떨어지는 한편, 지방은 늘어난다

다리 근육과 근력이 떨어진다.
혈액순환 저하로 발이 차가워진다

무릎 근육 통증도 빈번해진다

피부 피부가 건조해져 갈라진다.
탄력이 떨어지며 반점이 늘어난
다. 상처가 쉽게 났지 않는다

근력 근육량이 떨어져 활동량을
줄게 한다

내장기관 소화기능이 떨어진다

혈액 순환기능이 떨어진다

호르몬 여성 호르몬 분비가 줄
고, 60대에는 완전히 멈춘다

임신과 출산, 육아로 인한 변화를 극복하라!

인생에 있어 30대를 '황금기'라고들 한다. 하지만 꼭 황금빛처럼 밝고 아름답기만은 하지는 않은 것 같다. 30대 한국 여성의 몸은 출산과 육아, 그리고 맞벌이 부부의 경우 갈수록 치열해지는 사회생활로 인해 자신의 몸보다는 가족, 그리고 회사의 업무가 주가 되기 쉽다.

20대의 몸에 비해 성장 호르몬 분비의 감소가 매년 5~10% 정도가 발생한다고 한다면 몸의 신체조직 또한 노화가 가속화 된다. 눈에 띄게 노화가 진행되는 곳은 다름 아닌, 바로 피부! 나이가 듦에 따라 점차 주름이 늘어난다. 피하지방이 적게 분포되어 있는 얼굴과 목과 팔 등에는 주름이 증가하고 피하지방이 많이 축적되어 있는 가슴, 팔뚝, 복부, 엉덩이, 허벅지, 종아리 등은 피하지방이 더욱 쌓여만 가서 몸의 바디 라인은 형편없이 무너지고 만다.

20대에 비해 30대의 여성은 몸의 기초대사량이 매년 10%씩 감소하기 때문에 그로 인해 매년 체중이 300~400g씩 증가하게 된다. 그러면서 20대에 비해 살이 쪄가는 것에 대해 당연하게 생각하게 된다. 하지만 30대에 몸을 건강체형으로 만들어 놓지 않으면 40대에는 갱년기 증상과 비만으로 인해 다양한 질병에 시달리게 된다.

기초대사량 감소로 자연스레 살이 찐다!

30대의 경우 10년 후의 건강을 책임질 나이임에도 불구하고, 많은 30대 여성들이 가족과 사회적 활동에만 집중하느라, 자신의 건강을 신경 쓸 겨를이 없게 된다. 이에 따라 겉모습은 물론, 건강에도 자신감을 잃어가게 된다.

이런 상황이라 30대 여성들은 단시간에 체중을 감량하는 광고나 약물에 쉽게 현혹이 되기 쉬운데, 잘못된 선택으로 인한 부작용으로 몸과 마음도 함께 힘들어 지는 결과를 낳기도 한다.

이를 해결할 가장 현명한 방법은 바로 '운동' 이다. 대부분의 30대 여성은 먹는 것을 줄이는 방법을 선택해, 다이어트를 시작하게 되는데 육아와 직장일, 그리고 집안일을 하다보면 먹는 것을 줄이면서 체중을 줄이는 일이 얼마나 힘든 일인지 모두 공감할 것이다. 남편의 식사를 차리면서 음식의 간을 본다든가, 남편이나 아이들이 음식을 남겼을 때 남은 음식을 먹는다든가 하면서 몸에 필요 이상의 에너지를 섭취하게 되고, 그로 인한 체중증가는 매년 500g~1kg에 달하게 된다.

그럼 운동을 어떻게 시작해야 할까? 일상생활이 바쁘기 때문에 시간을 쪼개서 써야 하는 30대의 경우, 다른 연령대에 비해 시간투자는 적게 하면서 효과는 더 높일 수 있는 운동을 선택해야 한다. 그러려면 운동의 효과를 높여야 한다. 이들에게 필요한 운동목표는 기초대사량을 늘리는데 초점을 맞추면서 따로 시간과 돈을 투자하지 않아도 좋은 장보며 걷기, 아파트 계단 오르기, 대중교통 이용하기, 집안일 하기 등의 유산소 운동이 있다. 이와 병행하여 기초대사량을 높이면서 높아진 대사량으로 지방감소와 체중감량을 동시에 이룰 수 있는 효율적인 운동 프로그램을 실시해야 한다.

효율적인 운동과 더불어 식사습관을 분석하라

또한 1주일에 시간을 정해놓고 운동을 하기 보다는 자투리 시간이 나는 짬짬이 하루에 10분이라도 매일같이 꾸준히 실시하는 것이 좋다. 정해놓고 운동을 하다가 아이들이나 남편의 일에 밀려, 직장 일에 지쳐 운동을 포기하기 보다는 자신의 일상생활 속에 운동을 생활화하는 것이 가장 현명한 운동방법이기 때문이다.

또한 식사습관을 남편과 아이들에게 맞추기 보다는 본인의 식사습관을 면밀히 분석하여 과식을 하지는 않는지, 음식의 간이 너무 짜거나 자극적이지 않는지, 음식을 조리할 때 기름을 너무 많이 사용하지 않는지, 식사시간이 너무 늦지는 않는지를 꼼꼼히 따져보고 체중이 쉽게 증가할 수 있는 나쁜 습관을 30대에 꼭 고쳐야 40대 이후의 건강을 지켜나갈 수 있을 것이다.

30대의 체형변화

1. 임신과 출산으로 인해 복부와 허리 쪽의 지방이 증가.

2. 팔 뒷쪽의 지방이 늘어난다.

3. 기초대사량은 아직 높아 쉽게 체중이 빠질 수 있다.

4. 피부의 탄력성이 좋아 피부 늘어짐 현상이 아직 적다.

5. 살찐 유형은 하체비만과 상체허약 체형이 많다. 상체비만과 하체허약이 그 다음, 전신 비만과 상하체 허약 체형의 순서.

30대의 운동 목표

1. 떨어진 기초대사량 높이는데 집중

2. 시간은 적게 쓰면서 효과 높은 운동 선택

3. 일상 생활습관을 운동으로 바꾸기

4. 정해진 시간의 운동보다는 짧은 자투리 시간이라도 꾸준한 것 선택

5. 나쁜 식사습관 고치기

40대 중년의 나이, 갱년기에서 탈출하라!

중년(中年)이라는 말은 요즘 40대의 여성들에겐 어울리지 않을 것 같다. 30대의 여성들에 비해, 오히려 시간적인 여유와 경제적인 여유를 더 찾으려고 노력을 하고 자기 자신의 몸에 대해 아낌없이 투자하고 싶어하기 때문이다. 예전에만 해도 오히려 30대가 더 자신에게 투자하고 40대는 자식과 남편을 위해 투자를 했다고 생각을 했는데, 오히려 지금은 사고방식이 역전된 듯하다.

물론 결혼의 시기가 늦어졌다던가, 사회생활을 오래 한 사람이라면 30대에 엄혹한 현실의 벽을 경험해, 오히려 자신의 자아와 정체성을 찾기에 새로운 투자를 시작하기 때문이다. 하지만 마음은 그렇다 쳐도, 현실적인 벽과 육체의 벽은 그렇지가 않다. 피부는 거칠어지고 주름은 늘어만 가고 출산 후 산후조리를 잘했다고 해도, 늘어가는 나잇살의 무게는 점차 무거워만 간다. 온몸의 관절에서는 서서히 삶의 무게 알려주듯 콕콕 쑤시는 일도 간혹 생기고, 혼자서 "아~! 나도 늙어가나 보다~"라는 한탄이 섞인 소리가 곧잘 나오는 때가 바로 중년의 시작인 40대가 아닌가 싶다.

여성 호르몬 분비가 줄어든다

　여성의 아름다움과 건강은 바로 '호르몬'에 좌우된다. 특히 인체의 수많은 호르몬 중에 여성 호르몬인 에스트로겐은 여성에게 있어 노화와 아름다움을 결정짓는 중요한 요소이다. 호르몬은 성장과 발육, 생식과 미용, 피부와 뼈의 생성, 면역기능, 에너지의 소비에 중요한 역할을 한다. 나이가 들어가면서 특히 폐경기 전 연령인 40대의 경우, 호르몬 분비가 점차 줄어들면서 갱년기 증상을 경험하게 되는데, 갱년기 증상은 폐경기처럼 호르몬의 분비가 멈추는 것이 아니라 분비량이 적어져 일어난다. 이로 인해 몸의 노화현상이 가속화 되며 대사기능이 점차 떨어져, 예전처럼 운동을 해도 근육이 잘 생기지 않으며 피하지방이 복부와 몸통 쪽으로 점차 쌓여가게 되는 것이다. 특히, 호르몬 중에 인체 대사기능에 중요한 역할을 하는 '성장 호르몬'의 경우, 인체의 지방대사 기능에 중요한 역할을 하는데, 40대의 경우 급속하게 분비량이 줄어들게 된다. 그래서 30대에 날씬한 몸을 유지했던 여성도 40대에는 복부 쪽에 지방이 축적되고, 팔과 다리의 근육이 점차 약해지는 '올챙이 체형'이 되어 가는 것이다.

노화를 막아야 한다!

　이를 극복하게 위한 40대 여성의 운동은 호르몬 분비량을 최대로 유지해 가며, 성장 호르몬의 분비를 촉진시키고 여성 호르몬의 분비량을 유지시키는 이른바 노화예방(Anti-aging)을 목표로 해야 한다. 몸의 노화를 최대한 막기 위해, 호르몬의 분비가 원활하도록 만들어 몸에 불필요한 군살이 붙지 않게 하고, 젊음과 아름다움을 오랫동안 유지시키는 데에 주력해야 하는 것이다.

그러기 위해서는 단백질과 지방, 미네랄, 탄수화물 등 호르몬 형성에 도움이 되는 각종 영양소를 골고루 섭취해야 한다. 특히, 30대 이후에는 우유와 멸치 시금치 등 칼슘이 많이 든 음식을 상당량 섭취해야 골다공증을 예방할 수 있다. 그중 콩은 여성 호르몬과 유사한 천연 호르몬(아이소플라본)이 다량 함유되어 있어, 많이 섭취한 여성들은 상대적으로 골밀도가 높고 각종 폐경 증세의 예방에도 큰 효과가 있다는 연구가 속속 발표되었다. 그밖에 체내 여성 호르몬을 증가시키는 식품으로는 자두와 딸기, 복숭아, 양배추, 사과, 아스파라거스 등의 채소와 과일을 들 수 있다. 흔히 손쉽게 마시는 탄산음료는 체내 칼슘흡수를 방해해, 뼈를 약화시켜 골절의 위험성을 높이므로 절대 피해야 한다.

유산소 운동과 웨이트 트레이닝을 하라

운동은 유산소 운동 60%, 웨이트 트레이닝을 40% 비율로 주 4회, 1회당 60분 정도로 한다. 운동 강도는 너무 힘들지 않고 몸에 적당히 땀이 배어나올 정도로 실시하는 것이 과도한 운동으로 인한 활성산소 발생을 막고 몸의 균형과 호르몬 균형에도 좋다. 유산소 운동은 조깅과 수영, 자전거 타기 등이 좋다. 근력강화 운동으로는 웨이트 트레이닝이 적당하며 체중이 직접 근육과 뼈에 전달되는 속보와 에어로빅, 윗몸 일으키기 등도 효과가 있다. 많은 여성들이 관심 있어 하는 '호르몬 요법'은 부족해진 여성 호르몬 등을 인위적으로 공급해 각종 폐경질환과 증상을 예방, 완화시키는 방법이다. 그러나 장기화 된 호르몬 요법은 자궁내막암과 유방암의 발병률을 높일 수 있으므로 사용을 꺼리는 일도 많다.

때문에 몸에서 스스로 호르몬을 생성해 낼 수 있도록 호르몬 분비를 높이는 음식을 자주 섭취해주며, 적당한 운동을 통해 몸의 신체구조와 호르몬의 균형을 맞춰 주는 것이 40대 건강유지의 핵심이다.

40대의 체형변화

1. 갱년기 증상으로 인해 서서히 뱃살과 팔뚝살이 증가한다.
2. 얼굴, 엉덩이, 허벅지의 지방과 근육이 노화로 인해 서서히 감소한다.
3. 복부와 팔뚝, 허리에 지방이 증가되며 피부의 늘어짐 현상이 가속화 된다.
4. 여성 호르몬과 갑상선 호르몬 분비의 감소로 인해 기초대사량도 떨어진다.
5. 갱년기 증상으로 하체는 마르고, 상체와 복부 위주로 살이 쪄, 하체허약, 상체비만이 늘어난다.

40대의 운동 목표
1. 노화를 예방하려면 호르몬 감소를 막기 위한 운동을 해야 한다.
2. 갱년기 극복을 위해, 호르몬 감소를 막는 영양섭취를 잘 해야 한다.
3. 유산소 운동과 웨이트 트레이닝을 6 : 4의 비율로 주 4회, 60분씩 실시.
4. 과도한 운동은 활성산소를 발생시켜 오히려 역효과!

50대 여성의 끝~?
폐경을 이겨내자!

폐경(閉經) 또는 완경(完經)이라고도 부르는 생리가 멈추는 50대. 여성성(性)의 상실을 의미할 정도로 폐경으로 인한 여성의 몸의 변화는 크다. 특히, 앞선 갱년기 때와는 다르게 완전히 여성 호르몬의 분비가 멈춰, 말초혈관 장애로 인한 안면홍조, 발한으로 손과 발에 땀이 자주 나게 되며, 불면증과 기억력 저하, 집중력 감소가 생기며 심리적으로도 예민해지게 된다.

여성 호르몬인 에스트로겐의 분비가 멈춰서 근육통이 늘어나며, 통증에 대한 감각도 예민해지게 돼, 아픈 곳이 자주 발생하게 된다. 또한 근육량이 점차 감소되어 체중이 늘어나는데, 특히 배와 내장지방이 늘어나 복부비만이 쉽게 생긴다. 근육량 감소 때문에 무릎과 허리 부위의 통증도 늘어나, 디스크나 퇴행성 관절염이 쉽게 오고, 칼슘흡수율이 떨어져 골다공증도 쉽게 발생한다.

신진대사와 혈액순환을 높여라

이러한 폐경기 증상 중 가장 심각한 것은 바로 골다공증과 말초혈관 장애이다. 골다공증이 심해지게 되면 뼈의 골절로 이어지게 되고, 50대의 골절은

3~40대와는 달리 급속한 근육의 위축과 뼈의 변형, 그리고 체중의 증가를 야기한다. 그렇게 되면 회복기간도 상당히 오래 걸리기 때문에, 50대 여성들은 폐경기로 인한 질환을 예방하고 치료하는 데에 건강목표를 둬야 한다.

한편, 말초혈관 장애는 손발이 차고 저리며, 몸의 혈액순환이 나쁘게 하는데 혈액순환에 문제가 생기면 몸의 신진대사 기능이 떨어져서 예전과 똑같이 식사를 하고 운동을 해도 체중과 지방이 계속 증가하게 만든다.

또 이 시기에는 몸의 장기들도 기능이 약해져서 몸의 해독기능과 피로회복 기능이 떨어져, 쉽게 지치고 슬럼프에 자주 빠지게 되어 운동을 지속하는 것도 쉽지가 않다.

그러므로 이 시기의 여성은 운동을 시작하기 전에 자신이 가지고 있는 질환이 어떤 것이 있는지 전문의와 상담을 한 후, 운동으로 인해 몸에 부담이 없는지, 운동의 강도설정 및 횟수 등을 정하는 것이 좋으며 전문 트레이너와도 자주 상담해, 몸의 변화에 대해 적절히 대처하도록 한다.

신체기능을 활성화 시키는 운동을 하라

50대 여성들은 운동의 재미보다는 운동의 필요성을 깨달아 몸에 부담을 주지 않고 신체기능을 활성화 시켜, 60대에 올 수 있는 질환을 예방하는 시기로 준비해야 한다. 그러려면 이 시기의 운동은 양보다는 질이 중요하다. 40대에 비해 상대적으로 경제적으로나 시간적으로 여유가 생기는 시기이므로, 시간과 날짜를 정해놓고 규칙적으로 운동을 실시하는 것이 좋으며, 운동 종류는 자주 바꾸지 말고 몸에 익숙한 것을 꾸준히 실시하는 것이 좋다. 그러나, 계절이 바뀔 때 마다 운동패턴이나 프로그램을 바꿔줘 환절기의 몸의 변화에 적절히 대처하는 것도 필요하다.

영양섭취 면에서는 여성 호르몬의 대체 역할을 해 주는 콩이나 석류, 과일 등을 자주 섭취하고 골다공증을 예방하기 위해 우유나 유제품 등을 아침과 점심에 섭취하는 것이 좋다. 식사량을 줄이기보다는 음식 자체의 질을 높여, 칼로리와 염분, 지방을 낮추는데 초점을 맞춘다.

하루에 먹는 이전과 같은 양의 식사를 여러 번으로 나눠 식사 횟수를 늘리는 것이 좋다. 식사 횟수가 늘어날수록 음식을 소화시키기 위한 몸의 신진대사율이 높아지기 때문에, 다이어트 효과를 얻으면서 몸의 기능을 활성화 시킬 수가 있기 때문이다.

한편으로, 간과 신장 기능이 떨어져 체내의 독소해독 기능도 떨어질 수 있으므로, 이를 위해 물을 하루에 2리터씩은 꼭 섭취하여 체내 독소를 체외로 빼내주는 데톡스에 몸이 익숙해지도록 노력해야 한다.

50대의 체형변화

1. 폐경기 증상으로 인해 복부지방, 특히 내장지방이 급속히 늘어나며, 팔뚝살과 옆구리, 몸통 위주로 체중과 지방의 증가한다.

2. 팔과 다리의 근육량 감소로 활동량도 떨어지고, 체중이 쉽게 늘어나지만 체지방은 잘 줄지 않는다.

3. 근육의 탄력이 떨어지고 늘어짐 현상이나 주름이 늘어난다.

4. 여성 호르몬 분비가 멈춰 골다공증이 심해진다.

5. 특히 관절의 윤활작용이 감소하여 무릎 관절과 엉덩이(고관절) 관절의 손상이 심해지게 되어 체중관리가 운동만으로 어렵게 된다. 이때는 호르몬의 치료와 음식조절이 아주 중요하다.

6. 당뇨병이 생기면 체중의 급격히 줄거나 늘거나 하는 일이 심해지고, 고혈압이 있으면 정상인에 비해 체중감소가 3배 이상 어려워진다.

50대의 운동 목표

1. 운동 전 전문의와 상담을 통해, 운동강도와 횟수 등을 체크한다.

2. 시간을 바꾸지 않고 규칙적으로 실시, 양보다 질적인 운동을 한다.

3. 여성 호르몬을 만들어 주는 콩, 석류, 과일 섭취. 골다공증을 막기 위해 우유, 유제품 섭취

4. 칼로리, 염분, 지방을 낮춘 질 좋은 식사를 한다.

60대 노인성 질환 탈출! 행복한 노년을 보내자!

　나이가 들면 몸이 예전 같지 않아서 사지가 쑤시고 이렇다할 증상도 없이 고달프고 이곳저곳이 아파서 고통을 받는 경우가 많다. 특히 손이나 다리의 관절이 붓고 통증을 호소하는 사람이 많다. 일반적으로 여성의 나이 60세를 전후해서 이와 같은 증상이 나타나기 시작해서 나이가 더 들면 들수록 자주 겪게 되는 일이다.

　특히 폐경기 이후, 뼈와 관절이 급속히 약해지는 여성이 남성보다 몇 배나 더 많다. 또한 골다공증으로 인한 뼈의 변형과 관절의 퇴행으로 인해 관절염도 발생하게 된다. 60세 이상의 노인인구 중 75%가 퇴행성 관절염을 앓고 있으며, 90% 이상이 하루에 1번 이상 근육통증과 관절통증을 경험한다고 한다.

　이제 우리나라도 고령화 사회에 진입한 지금 60대는 노년기의 출발선이라고 할 수 있다. 그러므로 60대의 몸 관리가 앞으로 남은 여생을 책임진다고 말할 수 있다. 의료기술의 발달로 평균수명은 늘어났다고는 하나, 아직까지 질적인 수명의 연장은 한참 멀어 보인다. 살아는 있지만 하루 종일 병원 병실에서 약에 의존한 채 살아 있다면 과연 그것이 진짜 살아 있는 것일까?

많은 이들의 공통된 생각은 아프지 않고 건강하게 자신이 하고 싶은 것은 하고 사는 것일 것이다. 이것이 바로 60대 여성건강의 목표이다.

퇴행성 질환과 고혈압, 당뇨를 주의하라

이 시기에는 암과 퇴행성 질환, 그리고 내분비 이상으로 인한 대사기능 저하가 많이 발생하게 되는데, 50대에 비해 암 발생율은 그리 높지는 않으나 퇴헝성 질환의 발생율은 급격하게 높아진다. 그 이유는 관절은 활동할수록 소모가 되고 재생이 되지 않기 때문이다. 근육 또한 호르몬 분비가 멈춰 운동 후에도 근육량이 쉽게 늘어나지 않기 때문에, 근육기능이 저하돼 관절에 부담이 늘어만 가는 것도 한 원인이다.

그러므로, 이 시기에는 운동의 양과 신체활동이 많다고 해서 좋은 것은 아니다. 60대 여성들은 양보다는 질을 따지고, 질보다는 안전을 따져야 하는 연령대이다. 즉, 최소한의 적은 시간을 이용하여 최대의 효과를 얻으며 최대의 안전성을 보장해야 한다는 뜻이다.

또한 심리적으로 많이 위축될 수 있는 시기이므로, 실내에서 하는 운동보다는 실외에서 밝은 햇빛을 받으며 자연 속에서 활동하고, 친구들과 어울려 공감대를 형성하고 육체적, 심리적으로 안정을 이룬 상태에서 운동을 하는 것이 좋다.

60대에게 가장 인기 있는 운동이 '골프'로 꼽히는 것도 이런 이유에서일 것이다. 하지만 간과하지 말아야 할 것이 있다. 그것은 노화로 인한 몸의 여러 기능의 상실이다. 즉, 폐경기로 인해 호르몬 분비의 중단 후 골다공증이 생겨 낳은 심리적 변화, 말초혈관과 심장질환, 뇌혈관질환을 예방할 수 있도록 병원에서는 호르몬 치료를 병행하며 운동을 실시해야 한다.

또한 영양섭취 면에서는 고혈압이나 당뇨병 같은 질환이 있는지 없는지를 정확히 파악해 식단을 짠다.

최대한 안전한 운동을 해야 한다

운동의 종류와 강도도 잘 파악해 설정해야 한다. 대사기능의 저하나, 갑작스런 신체활동이나 운동으로 인해 급성으로 저혈당 쇼크가 올 수도 있으므로 꼭 운동 전후에 영양섭취를 해줘 몸이 급격한 변화를 겪지 않게 한다. 운동시 욕심을 내다가 상해를 입을 수도 있으므로 운동의 최대 목적은 '안전'에 있다.

한편, 신경계통의 노화로 인해 균형성과 평형성도 떨어지게 되어 자주 넘어지는데, 이는 골절을 야기시켜 장시간의 입원으로 몸을 쇠약하게 만들고 심리적으로 위축을 야기시킬 수도 있다. 그러므로 운동을 할 때 근육량을 증가시키기 보다는 근육량의 유지에 초점을 맞춰야 하며 신경계통의 노화를 예방하기 위해 균형성 운동과 평형성 운동을 실시해야 한다.

즉, 1주일에 3일은 유산소 운동을 실시하고 3일은 웨이트 트레이닝과 균형성, 평형성 운동, 유연성 운동을 병행하여 노화로 인한 몸의 균형을 유지하고 몸의 약한 부분을 보완해 질환을 예방하는 목적으로 운동을 실시해야 한다.

　60대 여성들은 영양섭취도 중요한데 소화기능이 떨어져 생기는 불규칙적인 식사습관을 우선 고쳐야 하며, 과도한 육류섭취나 지방섭취는 심장질환과 뇌혈관질환, 비만을 야기시킬 수 있으므로 금해야 한다.

　또한 체중을 무리하게 줄이려고 저탄수화물, 고단백 식사를 해서도 안 된다. 60대의 경우 소화기능과 순환기능이 약하기 때문에 음식의 소화가 느리고 영양소를 근육으로 이동시키는 시간이 느려져, 쉽게 배고프고 쉽게 배부르게 된다. 그러므로 영양과잉이나 영양 불균형이 쉽게 야기될 수 있으므로 주의해야 한다.

소화가 잘 되는 음식을 섭취하되, 가능하면 조리나 가공을 덜 한 자연식 위주로 선택해 체내에 독소가 생기지 않게 막는 것이 좋다. 육류섭취가 줄어듦으로 인해 부족할 수 있는 단백질은 식물성 단백질인 콩이나 생선류를 섭취해 보충하고, 탄수화물은 혈당 수치를 쉽게 높이는 흰쌀보다는 현미나 잡곡 위주로 선택하는 것이 좋다.

그리고 매끼마다 소화기능을 도와줄 수 있는 섬유질이 풍부한 야채를 섭취하는 것도 중요하다. 운동 중에는 쉽게 저혈당 증세가 야기될 수 있으므로, 빠르고 간단히 섭취할 수 있는 사탕을 항상 휴대하고 운동을 실시하는 것이 좋다. 60대의 몸은 여섯 살짜리 아기 다루듯이 조심스럽고 곱게 다루어야 한다. 욕심보다는 안전을 중요시 여기고 운동을 한다면 40대 못지 않은 건강한 몸과 마음을 가질 수 있을 것이다

60대의 체형변화 및 특징

1. 관절의 심한 마모와 관절염으로 인해 신체활동량이 급속히 감소한다.
2. 노화로 인해 근육량 급격히 감소, 특히 허벅지와 엉덩이, 허리, 복부 근육의 감소로 인해 통증을 호소하게 되며, 활동량이 더욱 더 떨어진다.
3. 피하지방은 감소하나 내장지방은 급속히 늘어나, 내분비 계통의 질환이 쉽게 발생한다.
4. 골다공증으로 인해 골절의 위험이 높아지고, 신체활동에 제약이 따르게 된다.
5. 하체와 몸통의 근육이 약화되어 척추가 앞으로 휘어 등이 굽고, 엉덩이와 하체 근육의 소실로 인해 다리가 안짱 다리(O자형 다리)로 많이 변하게 된다.

60대의 운동 목표

1. 균형과 유연성 운동 병행.
2. 노화로 인해 몸의 약해진 부분을 보완하고, 질환을 예방하는 운동 실시.
3. 운동시, 저혈당 증세 주의!
4. 최소한의 시간으로 최대의 효과가 있는 안전한 운동 선택
5. 육체적, 심리적으로 안정될 수 있게 밝은 햇빛을 받으며 운동하라.

"나의 조언자들. 이들이 없었다면 많이
힘들었을 것이다. 다이어트 시작 전,
두 명의 코치를 처음 만났을 때 모습이다."

탤런트 박원숙, 무엇을, 어떻게 했을까? ☐

메인 트레이너 박기연 코치

1. 프로그램 및 횟수, 기간

탤런트 박원숙씨는 요가와 발레, 체조를 결합해 만든 서양운동인 필라테스(Pillates)를 위주로 운동했습니다. 필라테스는 미국의 헐리우드를 비롯해 전세계에서 인기를 모으고 있는 운동으로, 박원숙씨에게 맞춰 권한 동작은 이 책에서 가르쳐 주는 '메디컬 피트니스' 동작들입니다. 더욱 자세하게 따라해 보고 싶은 분들은 비디오를 참조하세요.

박원숙씨는 5주 동안, 주 4회, 매 45분~50분 동안 이 동작들을 실시했습니다. 일단 이 필라테스를 중심으로 운동했지만, 이밖에도 운동 전, 워밍업을 위하여 20분 정도의 걷기와 약간의 스트레칭을 병행했습니다.

중년 여성들이야 말로 특히, 이런 준비 없이는 몸이 갑자기 놀라서 무리가 생길 수 있으므로, 독자 여러분들도 따라하기 전에 반드시, 주의하시기 바랍니다.

2. 프로그램의 장점

필라테스는 남녀노소를 불문하고 어느 연령층에도 구애 받지 않는 운동이며 연세가 있는 분들 또는 질환을 가진 분들에게도 효과가 있습니다.

이 운동은 관절이나 근육에 무리를 주지 않으면서 자세도 바르게, 균형감 있게 잡아주면서 복부를 중심으로 전신의 살을 빼주는 운동으로 건강한 사람 뿐만 아니라 관절염, 디스크, 골다공증, 요실금 등의 여성 질환에 탁월합니다. 그리고 책상 앞에 오래 앉아서 사무를 보는 남성분들과 학생들 같은 경우, 꾸부정한 어깨, 등, 또는 척추측만증이라 하여 척추가 옆으로 휘어져 있는 분들이 많은데 그런 분들에게도 좋습니다.

이러한 장점들을 기초로 하여 탤런트 박원숙씨 같은 경우에도 출산의 경험 있는 여성으로서, 직업으로 인해 생긴 불규칙한 식생활, 그로 인한 스트레스와 박원숙씨 연령층에서 흔히 볼 수 있는 어깨와 허리, 무릎 등에서 나타나는 근육통증을 없애기에는 필라테스가 딱, 적합했습니다.

3. 주의 사항

이 운동시 주의사항은 연령과는 관계없이 모든 분들에게 해당됩니다. 당연히 젊은 분들이 잘 하는 것은 맞는데, 젊다고 모두 다 잘 하는 것은 아닙니다. 자신의 몸 상태에 따라 다르기 때문에, 평소 내 몸이 어떠했는지 먼저 자가진단 하는 것이 중요합니다. 어깨가 안 좋다 또는 허리 또는 무릎 등등….

이러한 사항들을 먼저 체크한 후 욕심을 내거나, 비디오에 나오는 동작들을 무리해서 완벽하게 하려고 하지 말고, 자신이 할 수 있는 정도만 따라 하면 됩니다.

유연하다고 해서 또는 내가 몸이 많이 뻣뻣하니까 무리를 해서라도 유연하게 만들려고 과도하게 운동을 하는 것보다 다리를 조금 들고 옆으로 벌리더라도 정확한 자세로 제대로 운동하다 보면 점차 원하는 각도만큼 다리도 올라가고, 스트레칭도 잘 된다는 점 잊지 마세요.

욕심은 금물!! 정확한 호흡과 자세로 따라 하다 보면 달라진 몸을 발견할 수 있습니다.

4. 박원숙씨 몸의 특징

우선 탤런트 박원숙씨의 장점은 직업적 특성으로 인해 몸의 감각이 많이 발달되어 있다는 것입니다. 예를 들어, 한 번 알려드린 동작은 완벽하게 구사하지는 않아도, 이 동작이 어디를 위한 운동인지 정확히 기억을 하고 계셔서 운동효과가 더 높았습니다.

우리가 운동을 그냥 하는 것보다 운동의 특징과 순서, 이 동작이 어디를 위한 것인지를 기억하고 인지하면 아무 생각 없이 힘들게 하는 것보다 효과가 배가 됩니다. 이런 면에서 보면 박원숙씨는 한 동작을 하더라도 제대로 해냈습니다.

또한, 박원숙씨는 자신이 가지고 있는 신체적인 단점도 극복해냈습니다. 처음 만났을 때는 직업적인 특성으로 식습관과 생활이 불규칙해서, 드시는 것도 엉망이었고, 자세 또한 꾸부정해서 그로 인해 오는 근육통도 있었으며, 근육도 많이 긴장되어 있었는데, 5주간의 꾸준한 노력으로 이 모든 것을 해소했습니다.

처음 운동을 할 때는 바른 자세를 잡는 것조차 힘들었습니다. 예전의 교통사고 후유증으로 어깨 근육통을 호소했고, 어깨를 바로 펴는 것은 물론이거니와 바르게 눕는 것조차 힘들어 하셨습니다. 꾸부정한 어깨를 바로 펴고 상체를 바른 자세로 하는 운동을 실시했더니 기침을 마구 하게 돼 운동진행이 힘들었는데, 박원숙씨는 오히려 그때 기분이 좋다고 했습니다.

무언가 가슴이 뻥 뚫리는 기분이 들고 어깨와 허리가 쭉 펴지는 기분이라며, 계속 운동을 하자고 했습니다. 또한 다리 근육도 많이 뻣뻣했는데 하루하루 유연해지면서 자세와 몸무게가 눈에 띄게 변화했습니다.

5. 식이요법 & 식습관 바로잡기

식습관으로는 시간대에 상관없이 많이 드셨다고 하셨습니다. 그 예로 깡통에 포장되어 판매하는 땅콩 모음 한 통을 모두 드시고 주무시고, 저녁에 일을 끝마치고는 식사를 많이 한 후 잠자리에 들었다고 합니다.

그동안 너무나도 불규칙적이었던 식습관을 바로 하는 의미에서 하루 세 끼는 꼭 챙겨 드시지만 아침은 생식과 야채, 과일 위주로 영양소는 모두 섭취하지만, 위에 무리는 안 가는 식단과 점심, 저녁은 밥을 드시지만 소량으로 제안해 이를 그대로 따라 했습니다. 또한 평소 많이 먹던 군것질은 절대금물. 단, 군것질 대용으로 견과류(호두, 잣 등)와 해조류(다시마 등)를 드셨으며 과일과 야채 위주의 식단을 엄수했습니다.

식이요법은 특별히 힘들어 하지는 않았습니다. 갑자기 먹던 양을 줄이면 더 먹고 싶거나 평소 생활할 때, 기운이 없어서 더 힘들면 어떻게 하나 하고 걱정하셨다는데, 오히려 운동을 하고, 먹는 것도 조절하여 먹으니 몸이 더 가벼우면서 거뜬해졌다고 좋아하셨습니다.

6. 이 연령 대에 효과적인 식이요법

식사를 안 하는 것은 절대 금물입니다. 우리가 다이어트를 할 때, 몸에 불필요한 지방도 연소되지만, 반면에 우리 몸에 좋은 영양소도 빠진다는 것을 잊으면 안 됩니다. 그래서 소식을 하면서 운동시 생기는 활성산소에 대항하는 항산화 식품인 견과류와 야채를 섭취해줘야 합니다. 견과류의 비타민 B와 불포화 지방산은 건조한 피부를 윤기 있게 해주고, 노화방지에도 좋기 때문입니다.

7. 박원숙씨가 잘 하던 것 vs 힘들어 했던 것

탤런트 박원숙씨는 진심으로 모든 것을 잘 해냈습니다. 운동, 식이요법, 관리 등…. 어느 것 하나 빠짐없이 너무나도 모두 잘 하셨습니다. 그 연세에 젊은 분들도 그렇게는 못해냈을 겁니다. 개인적으로 너무나도 뿌듯하며 박수를 보내드립니다.

그러나, 식이요법보다는 운동을 힘들어 했습니다. 처음에는 자세 잡는 것조차 안됐습니다. 근육도 뻣뻣하고 마음대로 몸이 움직여주지 않았으니까요. 하지만 시간이 흐르면서 정말 몰라볼 정도로 운동도 잘 하게 되었고 몸도 유연해졌죠.

시간이 지나면서는 오히려 스스로 즐기며 해냈습니다.

하지만, 처음에는 이렇게 힘들어 하면서도 운동과 식이요법 후 달라지는 몸을 보며 좋아하다가 모두 알겠지만 다이어트 3주째에 요요현상이 오잖아요? 그때 몸무게가 잠시 정체기가 있습니다. 그때 많이 불안해 하고 힘들어 하셨어요. 하지만 우리는 좌절하지 않고 좀 더 열심히 하여 극복을 해냈습니다. 그때 이후, 나머지 기간 동안에는 모두 훌륭히 해내셨습니다.

8. 슬럼프는 어떻게 극복했을까?

앞서 말씀드린 대로 운동 시작 후, 3주차가 되자 체중감소가 멈췄습니다. 그러자, 모두들 걱정을 했고 우선, 박원숙씨가 가장 많이 걱정하셨어요. 하지만 모

두들 그런 마음을 내색하지 않고 긍정적으로 받아들이면서 박원숙씨께 힘을 내라고 용기를 불어넣어 드렸습니다. 할 수 있다는 자신감으로 힘을, 누구보다도 잘 하고 있다는 격려의 말을 해드렸습니다. 그랬더니 우리 모두의 마음을 아셨던지 힘든 내색하지 않고 멈추지 않고, 더욱더 열심히 하셨습니다. 다이어트를 하는 사람이 옆에 있다면 이렇게 힘을 주세요. 별 거 아닐 것 같은 긍정의 말 한 마디가 그 사람에게는 어마어마한 에너지가 됩니다.

탤런트 박원숙씨께 드린 동기부여는 '긍정의 말' 이었습니다. 그것은 꾸준히 긍정의 에너지를 불러 일으켰죠. 젊은 사람들도 힘든 다이어트와 운동을 하는 것도 대단한데, 그 짧은 시간에 그렇게 체중을 감량하는 것 자체가 대단하다는 말과 함께 운동강도를 조금 더 높였습니다.

9. 4, 50대 여성들이 전문가 조언을 따라야 하는 이유

이것은 매우 중요한 사항입니다. 우리가 쉽게 할 수 있는 운동 중에 걷기, 뛰기 또는 줄넘기 운동 등이 있습니다. 이 운동들이 매우 단순한 것 같지만 이 단순해 보이는 운동에도 법칙이라는 것이 있습니다. 이러한 법칙은 4, 50대 여성분들뿐만 아니라 젊은 여성분들에게도 중요합니다. 하지만 젊은 분들보다 4, 50대분들에게 더 중요한 것은 노화로 인해 오는 신체적인 변화 때문에 더더욱 중요한 것입니다.

첫째, 출산으로 인해온 신체변화, 가사노동으로 인해 얻은 질환 등…. 4, 50대가 되면 누구나 하나씩 질환을 가지고 있는데, 대표적으로 어깨 근육통과 허리의 요통은 거의 누구나 가지고 있습니다. 또한, 관절과 관절, 뼈 마디마디가 약해져 있는 분들이 심하게 걷거나, 뛰거나 하는 것은 정말 위험합니다.

그러므로 전문 트레이너를 만나서 내 몸에 맞는 운동을 조언받는 것은 매우 중요한 일입니다. 체중을 빼려고 무리하게 운동을 하여 오히려 화를 불러올 수 있으니까요. 이런 사례를 저도 종종 접합니다.

10. 4, 50대 여성들이 다이어트 시 종종 범하는 실수

앞서 말씀드렸듯이 내 몸을 먼저 체크 후 내 몸에 맞는 운동을 하는 것이 중요합니다. 하지만 그런 사람들은 정말 드뭅니다. 드시는 것도 단순하게 안 먹는다고 해서 해결되는 것이 아닙니다. 전문 기관에 가서 운동하기 힘든 여성분들 또는 전문 강사의 조언을 접하기 힘든 분들에게는 박원숙씨 비디오를 추천해드리고 싶습니다.

비디오에 나오는 내용을 꾸준히 하신다면 누구나 가능합니다. 건강하신 분, 질환을 가지고 계신 분들을 불문하고 누구에게나 도움이 되는 운동입니다. 건강하신 분들에게는 탄력 있게 살을 빼주고, 질환을 가지고 계신 분들에게는 건강하게 살을 빼주며, 마른 분들이 하신다면 몸이 더 아름다워지는 운동이기 때문입니다.

11. 트레이너로서 개인적으로 느낀 점은?

개인적으로 박원숙씨의 다이어트 성공은 저에게도 기쁨이었습니다. 처음 박원숙씨를 만난 날을 지금도 잊을 수 없습니다. 자세도 꾸부정했고, 몸도 뻣뻣했고, 몸무게까지…. 박원숙씨를 비롯해서 주변 분들에게 할 수 있다고는 했는데, 어떻게 운동을 해야 하나 혼자서 많은 고민을 했습니다. 어떤 방법으로 해야 효과를 극대화 하나…. 하지만 열심히 소신껏 연구하여 박원숙씨 운동을 지도해 드렸더니 효과가 있었습니다. 잘 따라와 주신 박원숙씨께 감사하지만, 제 자신에 대해 저도 자신감이 생겼습니다. 그 분으로 인해 4, 50대 여성분들의 몸에 대해, 건강에 대해 많은 연구를 했으니까요.

정말 박원숙씨의 다이어트가 성공리에 끝나서 정말 모든 분들께 감사드립니다. 무엇보다 저를 믿고 열심히 해주신 박원숙씨께 제일 감사하고 축하드립니다. 그리고 다이어트 후 '날씬해진 박원숙씨' 보다, 저는 개인적으로는 다이어트로 인해 '건강해진 박원숙씨'의 모습이 더 아름다워 보입니다.

많은 분들 중 웨이트 트레이닝을 담당했던 정지원 코치와의 대화에서 우리 모두 놀라고 감탄과 찬사를 불러일으켰던 점은 저 연세에 너무나도 열심히 하시는 박원숙씨에 대해 감탄했습니다. 그동안 운동이라는 것을 한번도 안 하고 사셔서 간단한 스트레칭조차 너무나도 힘들어 하셨던 분이 하루하루 변해가는 모습에 우리 모두 찬사를 보냈습니다.

그러니, 독자 여러분도 늦지 않으셨습니다. 건강해진 자신을 만나고 싶다면 당장, 운동을 시작하시기 바랍니다.

탤런트 박원숙, 무엇을, 어떻게 했을까? ②

웨이트 트레이닝 담당 정지원 코치

1. 박원숙씨가 추가로 실시한 운동 프로그램

박원숙씨는 필라테스를 기반으로 주 4회, 스트레칭과 근력운동인 웨이트 트레이닝(무산소 운동), 유산소 운동을 실시했습니다. 이 프로그램의 장점과 그렇게 훈련을 실시한 까닭은 갱년기에 접어든 주부들은 뼈 밀도가 약해지므로 근력운동이 중요하며, 이에 따른 유연성도 필요하기 때문에 스트레칭과 웨이트 트레이닝을 병행한 것입니다. 여기에 지방연소를 높이기 위한 유산소 운동을 함께 실시했습니다.

2. 박원숙씨 연령대가 웨이트 트레이닝을 할 때 주의해야 할 사항

젊은 여성들은 웨이트 트레이닝을 좀 강하게 해도 바로 회복이 되어, 크게 무리가 없지만 박원숙씨 같은 경우, 나이가 50대 중반이기 때문에 트레이닝을 단계별로 조심스럽게 실시했습니다. 박원숙씨는 연세에 비해 뼈나 근육 발달이 남들보다 좋은 편이라 크게 무리 없이 따라하셨습니다. 박원숙씨 몸의 특성은 연세에 비해 뼈나 근육 발달이 좋은 편이었고, 운동을 시작할 당시에는 특별히 큰 질환은 없고, 간식과 야식을 좋아해서 몸에 전체적으로 지방이 많은 편이었습니다.

3. 식이요법 프로그램은?

박기연 코치가 제안한 것 이외에 박원숙씨에게 특별하게 무엇을 꼭 챙겨 먹으라고는 하지 않았습니다. 하지만, 박원숙씨가 간식과 야식, 패스트푸드를 좋아해서 이러한 것들은 드시지 말 것을 당부드렸습니다.

이 연령대에게 가장 중요한 변화는 갱년기에 접어들면서 폐경이 오고 이에 따른 뼈 밀도가 현저하게 떨어진다는 점입니다. 때문에 운동을 하거나, 생활을 하는데 있어 제일 중요한 것은 균형잡힌 식단입니다. 이를 위해서는 첫째, 음식을 균형 있게 골고루 섭취를 하고, 둘째, 단백질과 칼슘이 풍부한 음식과 계절별 과일을 먹어야 합니다. 그리고 가장 중요한 것은 패스트푸드나 카페인 음료를 가급적 삼가는 것입니다.

4. 박원숙씨가 잘 하던 것 vs 박원숙씨가 힘들어 하던 것

박원숙씨는 비교적 운동은 규칙적으로 잘 수행했으나, 식사(식이요법)는 좀 힘들어 했습니다.

5. 다이어트 슬럼프…, 이때 트레이너로서 도와준 것은?

다른 사람에 비하면 특별한 슬럼프를 겪지는 않은 것 같고, 항상 긍정적으로 열심히 하셨습니다. 때문에 특별히 어떤 동기부여보다 많은 사람들이 다이어트를 하게 되면 굶고 운동을 하는 경우가 종종 있는데, 이때 잘못된 정보 때문에 기존의 식사량보다 적게 먹어 운동을 제대로 못하는 경우가 많습니다. 박원숙씨 역시, 식이요법으로 힘들어 할 때가 몇 번 있었습니다.

그럴 때마다 힘내시라고 같이 고기를 먹으러 간 적이 있습니다. 잠깐씩 준 선물 같은 것이지요. 그리고 가끔 운동 전, 다이어트에 좋은 간식을 가져 와서 같이 먹고 운동을 시작한 적도 있습니다.

박원숙씨는 한창 외모에 관심이 많은 젊은 여성이 아니라, 쉽게 포기하고 싶었을 텐데, 힘들어 할 때마다 트레이너들이 해준 것은 '응원'과 '칭찬' 그 이상도 이하도 아니었습니다. 즉, 어머니들의 다이어트에도 주위의 따뜻한 격려와 힘이 필요하다는 뜻입니다.

6. 4, 50대 여성들이 운동을 할 때, 전문가들의 조언을 따라야 하는 이유

우선 내 몸의 상태를 알아야 하기 때문입니다. 혈압은 정상인지, 관절에는 문제가 없는지, 기타 건강 상태는 양호한지 의사 선생님과 충분히 상의하세요. 잘못된 운동법으로 몸을 더 안 좋게 만들 수 있으므로, 전문 트레이너의 도움을 받아 운동을 해야 건강해질 수 있습니다.

7. 4, 50대 여성들이 다이어트를 할 때 자주 범하는 실수는?

4, 50대 뿐만 아니라 젊은 여성들도 대부분 식이요법에서 실수를 합니다. 그러므로, 식이요법에 충분히 주의를 기울여야 합니다. 우리가 도와드린 박원숙씨가 살이 빠지고 건강해져서 저로서도 무척이나 기뻤습니다. 5주간 8kg을 뺀다는 것은 젊은 사람도 그리 쉬운 것은 아닌데, 중년의 나이에 해냈다는 점에서 탤런트 박원숙씨는 진정한 프로라는 것을 깨달았습니다. 단순히, 연예인으로서 뿐만이 아니라, 인생에 있어서도 진정한 프로라는 것을요.

덕분에, 저 자신도 직업적으로 젊은 여성들만이 아니라 중년 여성들 건강에도 더 많은 관심이 생겨서 좋은 기회였습니다.

Last Diet

1장

50대에 도전한 마지막 다이어트

40대가 훨씬 지났다고 해서, 아줌마나 엄마라고 해도, 여성들은 미모에
대한 관심이 사라지진 않는다. 젊었을 때, 코카콜라 모델까지 한 '원조몸짱'
나 박원숙도 소중한 아들을 잃고 실의에 빠진 나머지 건강을 신경쓰지
않은 덕분에, 확실히 달라진 몸과 각종 질병에 깜짝 놀라
'내 생애 마지막 다이어트'에 도전을 하게 되었다.

in my Life!

내 일생 마지막 다이어트를 시작한다!

30대 이후가 되면, 살이 잘 안 빠지는 게 당연하다

나는 눈에 띄게 훌륭한 몸매의 소유자들만이 할 수 있다는 코카콜라 모델까지 한 원조 몸짱 중의 한 사람이다. 큰 키에 바른 골격구조… 워낙 타고난 몸매가 좋은데다, 절대 살찌지 않는 체질 때문에 젊을 때부터 동료들에게 질투의 대상이 되곤 했다. 내게 운동은 먼 나라 얘기요, 아무쪼록 음식은 뭐가 됐든 거하게 한 상 차려 놔야 직성이 풀리는 게 내 식사습관이었다. 그리고, 내 사교의 미덕이었던 지칠 줄 모르는 대식가 풍모는 사실 나에게는 큰 자랑거리였다.

그러나, 중년 이후에 온 아들의 갑작스런 죽음과 드라마 역할에 대한 스트레스로 폭식이 생활화 되면서 라이프 스타일 또한 즐거운 것, 편한 것을 즐기게 되었고, '그래, 까짓거 먹고 죽자!' 는 식의 생활 패턴으로 바뀌어 갔다. 그러던 어느 날 거울 속의 나는 이미 이전의 내가 아니었다. 온 몸의 근육들은 잔뜩 처져 있었고, 보정 속옷에 혈안이 되게 만든 군살들이 자리를 잡은 지 이미 오래였다. 나잇살이려니 살아온 요 몇 년 간의 나쁜 생활습관에 급기야 턱선이 실종돼 버리는 지경에 이르고 말았다. 이런 상황인데도 사실 나는 특별히 다이어트를 하지 않고, 운동을 하지 않고도 '살을 빼 준다는 약' 들을 그동안 거의 모두 먹어봤다.

그냥 유행이겠거니 싶은 약들을 필요할 때 급처방으로. 그렇게 각종 약들에 나도 모르게 의존해 오면서 살아왔던 것이다. 그리고, 살을 확실히 빼준다는 고통스러운 주사요법이나, 침, 그리고, 대강 살을 빼줄 수 있는 극단적인 수술(부분 지방제거) 또한 시도해 본 바 있다.

생각해 보면 40대에 들어서부터 특히나 이런 잘못된 살빼기 방법들에 많이 의존하게 된 것 같다. 그러 나, 효과는 그때 뿐이었고, 요요 는 순식간이었다. 그로 인해 극 도의 스트레스가 쌓였음에도 불 구하고, 용하다는 약이나 병원 의 소문을 들으면 몰래 전전하기 를 벌써 10여년이 흘러버렸다.

나의 이런 잘못된 다이어트

이야기는 이미 SBS의 "김승현·정은아의 좋은 아침"을 비롯한 여러 방송 프로그램을 통해 전국의 주부들에게 공감을 얻었고, 그래서 더 더욱이 나의 운동 다이어트 성공기에 주부들의 관심이 쏠리고 있는 것 같다.

나는 이번 다이어트를 통해 절실히 얻은 교훈 중 <u>첫 번째로 다이어트는 체중감량보다는 체지방을 줄이는 게 더 중요하다</u>는 것을 강조하고 싶다. 체지방이란 몸에 붙어 있는 지방으로 지방세포에 중성지방이 붙어서 풍선처럼 부풀게 되는 것인데 이것이 바로 살이 찌는 현상으로 이어진다고 한다. 여성의 체지방률은 30대 이후 더욱 늘어나는데, 30대 이후에는 쉽게 살이 찔 수밖에 없는 몸 구조로 변한다고 한다. 젊을 때는 기초대사가 활발해 에너지 소비가 쉬운 반면, 나이가 들면 기초대사가 둔해져 여분의 에너지가 모두 지방으로 축적되기 시작한다는 것이다. 즉 30대는 20대 때와 똑같이 먹고 활동하더라도 더 살이 찌기 쉽다는 얘기다.

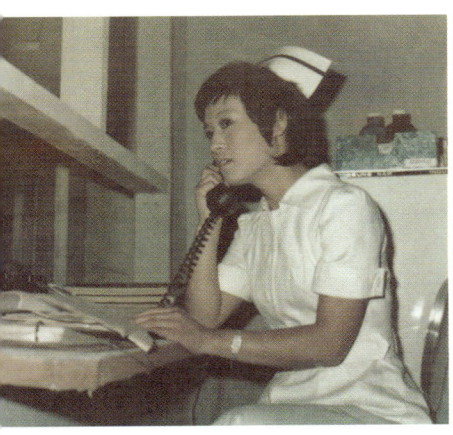

"결혼 후, 탤런트 활동을 시작한 20대 때의 내 모습이다. 이때와 똑같이 먹고 운동해도, 30대 이후 여성의 몸은 자연스레 살이 찌기 쉽게 바뀐다."

살이 저절로 빠지는 약은
세상천지 어디에도 없다!

평소대로 먹어도 살이 빠진다거나 운동을 안 해도 자면서 살이 빠진다는 갖가지 '살 빼는 약' 광고를 쉽게 접하곤 한다. 물론 이러한 제품을 선택하느냐 마느냐는 전적으로 개인에게 달렸지만, 이런 광고의 대부분은 살찐 사람들이 움직이기 싫어하거나 먹고 싶은 욕구를 참지 못한다는 점을 이용한 것에 불과하다.

불행히도 아직까지 이런 약은 개발되지 않았으며, 오직 식사량을 줄이고 운동으로 칼로리를 소비하는 것만이 왕도임을 명심해야 한다.

시중에 나와 있는 소위 비만 치료제라는 것들은 대개 이뇨제, 설사제, 혹은 단지 포만감을 주기 위한 섬유소로서, 탈수와 영양 불균형으로 인한 부작용을 초래할 수도 있다. 또, 식사를 거르거나 무작정 굶는 것은 잘못하면 체지방뿐 아니라 기본 골격과 근육을 감소시키거나 골다공증, 빈혈, 무월경증 등의 원인이 되기도 한다.

지방연소에 필요한 최소한의 탄수화물과 에너지 대사 및 효소 생성에 필요한 단백질, 비타민, 미네랄 등 영양소를 균형 있게 섭취해야 건강을 유지하면서 살을 뺄 수 있고, 영양소의 결핍이 일어나지 않아 다이어트 후에도 음식에 대한 갈망이 적어져 요요현상을 줄일 수 있다.

가사노동은 운동이 아니다!

    내 또래의 주부인 엄마들은 흔히, 새벽부터 눈 뜨자마자 아이들 학교 보내고 청소하고, 빨래에 공과금 납부하러 여기저기 은행으로 뛰고, 장 보고… 식구들 잠드는 그 순간까지 한 시도 쉬지 못하는 가사 노동에 시달리면서도 당췌 살찌는 이유를 모르겠다고 말한다. 가사노동이 사실 얼마나 힘든 일이고 체력 소모가 많은가! 그래서, 우레탄 바퀴를 사용해 바닥 손상이 적으며 방 걸레질할 때나, 무거운 짐을 옮길 때 우리들이 타고 다닐 수 있는 요상한 주부용 엉덩이 의자가 인기를 얻은 적도 있지 않은가 말이다. 그러나, 결론부터 말하자면, 우리가 <u>집에서 쓸고 닦고 움직이는 가사 노동은 절대 운동이 아니다.</u> 실제로 청소나 빨래 등의 집안 일도 열량(kcal, 칼로리)이 상당히 소비되는 활동이다. 예를 들면, 30분당 청소기를 돌리면 약 60kcal 정도가 소모되고, 엎드려 걸레질을 하는 것

"20대 때와 40대의 모습의 확실한 차이. 관리를 했음에도 불구하고 주부로서도 바빴던 40대에는 포동포동 살이 오른 상태였다."

은 120kcal, 물 뿌리고, 닦아내는 화장실 청소 또한 120kcal가 소모되는 일이라고 한다. 그러나, 미안하게도, 이런 종류의 집안일들을 아무리 많이, 열심히 한다고 해도 살을 빼기는 힘들다고 한다. 왜냐하면 가사노동과 운동은 엄연히 다르기 때문이다.

운동을 하는 동안에 우리 몸은 전체 근육의 50% 이상을 사용하면서 지방을 분해시키지만, 앞서 언급한 집안일을 하는 동안에는 일정한 부위의 근육이나 관절만을 집중적으로 사용하기 때문에 몸에 무리만 가고 집안일 자체가 주는 스트레스로 인해 육체적으로 힘들고 피곤할 뿐, 체지방을 없애는 것과는 별관계가 없다는 것이다.

그러므로 살을 빼려면 반드시 하루 중 일정시간을 '운동'하는 시간으로 정해 놓고 운동에만 집중해야 한다. 그렇다고 오늘부터 집안일을 접고 운동만 하라는 뜻은 아니다. 집안일을 할 때도 집중해 제대로 한다면 운동처럼 될 수 있다는 것이다. 나는 5주간 집중적인 전문 트레이닝에 의한 생활패턴 교정을 통해 8kg을 감량했고, 거기에 골밀도와 콜레스테롤 수치까지 낮춰 건강한 몸 상태가 만들어졌다.

주부가 되면 의례 살이 찌고, 아이를 낳으면 체형은 당연히 변하고, 나잇살은 후덕한 인상을 준다고 자위하면서 천천히 일생을 통해 찌운 살들도, 이제 운동과 식이요법을 통해 완벽히 변화할 수 있다는 사례를 직접 보여준 것이다. 대한민국 주부들이 어쩔 수 없이 살이 찔 수밖에 없는 환경에 처해 있다면, 이제 주부들이 자신을 바꿔 가기 위한 혁신을 시도할 때다!

　가족의 기둥으로 앞으로도 할 일이 너무나 많은 주부들이여! 안전하고, 실속 있는 다이어트를 나 박원숙과 함께 시작해 보자. 자, 그럼 본격적인 다이어트 돌입을 위해 다이어트 목표체중을 정해야 할 차례다.

"40대에 들어서부터
특히나 이런 잘못된
살빼기 방법들에
의존하게 된 것 같다.
그러나, 효과는
그때 뿐이었고,
요요는 순식간이었다."

다이어트 시작 전, 목표체중 정하기

　나는 다이어트 시작 전, 감량 목표를 7kg으로 잡았었다. 이유는, 40대 초반의 몸매 정도로만 돌아가면, 살이 너무 빠져 불쌍해 보이지도 않을 것 같고, 그 정도면 몸매 괜찮다는 소리를 종종 들었던 기억이 아직 남아 있기 때문이었다. 다이어트를 시작하기 전에 여자들에게 얼마나 빼고 싶냐고 물으면, 보통 5~10kg의 감량을 원하는 경우가 제일 많다고 한다.

　하지만 무조건 많은 체중을 빼겠다는 것은 몸에 무리를 줄 수 있으므로 합리적인 체중감량 목표를 세우는 것이 필요하다. 실제로 병원에서 배운 대로 나에게 맞는 목표 체중 계산법을 알려 드리도록 하겠다. 목표 체중을 정해 현재체중에서 빼면 감량해야 할 체중이 나온다. 나의 경우는 165cm 키에, 다이어트 전 몸무게가 65.4kg이었으니까, 표준몸무게가 58.5kg! 약 7kg이 과체중 상태였다.

집안일 운동으로 만들기 이렇게 하세요!

빨래나 다림질을 할 때

익숙한 댄스음악 등을 틀어놓고, 리드
미컬 하게 손놀림을 빨리 움직이면 팔
과 전신 운동이 된다. 이 때 몸의 무게
나 균형이 한쪽으로만 쏠리지 않게 신
경을 써주는 것이 좋다.

칼로리 소모가 많은 걸레질

밖에 나가 뜀박질(조깅)을 하는 것보
다 에너지 소모가 더 많다고 한다. 걸
레질을 할 때, 팔을 최대한 멀리 뻗어
주면서 평소 속도보다 빨리 한다면 효
과 높은 팔운동과 복근운동이 된다.

일명 발레리나식 설거지 하기!

내가 특히 효과를 많이 본 동작인데, 설거지할 때 뒤꿈치를 살짝 들어라. 설거지를 할 때는 다리를 어깨너비만큼 벌리고 뒤꿈치를 약간 들어주면 발목과 엉덩이를 가늘게 해주는 데 효과가 있다. 처음엔 뒤뚱뒤뚱 힘들어도, 3일만 연습하면 우아하게 운동하면서 설거지를 하게 된다.

빗자루 생활 댄스!

빗자루질을 할 때, 쭈그리고 앉은 자세를 너무 오래 지속하면 관절과 허리에 무리가 가므로 선 상태에서 허리만 구부려 '4박자 쓸고, 허리 펴 4박자 허리 흔들고' '하나, 둘 셋, 넷' 쓸고, 허리를 펴서 손을 허리에 놓은 상태에서 흔들어 준다. '하나, 둘, 셋, 넷!' 이건 완전히 새로운 생활 댄스가 된다. 양쪽을 번갈아 하면 더욱 좋겠지!

삶의 의욕을 상실한 당신,
그대 이름은 엄마!

주부들이 다이어트에 실패할 수밖에 없는 이유

한 번의 결혼과 두 번의 이혼, 버릇처럼 이사를 다니고(덕분에 아들은 수시로 전학을 해야 했다) 아들을 들쳐 업고 연기생활을 시작했다. 싱글 아닌 싱글로 살아온 일생 때문에 나는 50이 넘은 지금까지 내 손으로 김장도 제대로 못 담근다.

이미 주부의 입장에서 데뷔한 나로서는 산후조리를 잘못해 임신기간 쪘던 살을 빼지 못하는 이들을 이해할 수 없었다. 출산과 동시에 일을 시작해 긴장 속에 살았던 시기, 남편과의 불화, 불안정한 결혼생활로 나는 살 찔 틈이 없었던 것이다.

나는 그것이 내 살 안 찌는 체질 때문이라고만 생각해 왔고, 어떤 일이 있어도 나는 절대 살찌는 타입이 아니라는 굳은 신념을 갖게 했다.

하지만, 모든 여성의 80% 정도는 출산 이후 비만을 경험하게 된다고 한다. 출산 전 식습관을 쉽게 고치지 못해서라는데, 연기 활동에 쫓겨 지금 이 순간까지 온 나로서는 사실, 출산 전이나 후 모두 제대로 맘 편히 먹어 본 기억이 없는 것 같다.

게다가, 아들을 먼저 떠나보내기 전까지 나에게는 멋진 배우로서뿐 아니라 엄마로서 살아야 하는 이유가 있었다. 하지만, 아들이 먼저 떠나고, 나는 인생의 덧없음과 회한으로 늘 위안 받기를 바라고, 혼자 있는 시간을 피해 가며 틈만 나면 빈 가슴을 포만감으로 채우며 하루하루를 살았다.

이런 버릇은 나만 가지고 있는 것이 아닐 것이다. 4, 50대를 거치며 대한민국 어머니들이라면 나와는 조금씩 다른 경우라 할지라도 맘속에 응어리를 한가지씩은 품고 사는 경우가 허다하니, 아마도 나와 같은 무분별한 식습관과 자신을 방치하는 버릇 속에 길들여져 살아왔을 것이다.

대한민국 엄마들이 가지고 있는 비슷비슷한 생각들! 나쁜 버릇들!

그리고, 누가 가르친 것도 아닌데, 닮아있는 습관들이 바로 다이어트에 실패할 수 밖에 없는 환경을 만들어 놓은 것이다. 나와 그리고, 지금 다이어트를 시작한 나의 다이어트 동지들인 대한민국 엄마들이 고치지 못하고 있는 다이어트 실패 원인은 다음과 같다.

첫 번째, 대한민국 엄마들은 꼭 다이어트를 할 때 주위 사람들에게 비밀로 하고 다이어트를 한다. 하지만, 다이어트는 부끄러운 일이 아니라 건강해지고자 하는 나와의 전쟁을 선포하는 쉽지 않은 결단이니 이를 당당히 소문내고 주위의 협조를 구해야 실패하지 않는다.

두 번째, 다이어트를 자기 마음대로 아무렇게나 한다. 체중을 줄이려면 아무리 골고루 잘 먹는다 하더라도 평소보다 상당히 적게 먹어야 하는 것이 사실이다. 그런데 적게 먹으면서 건강을 유지하려면 전문가의 도움이나 제대로 된 정보가 절대적으로 필요하다.

일주일에 500g의 지방을 줄이려면 현재의 열량 섭취량에서 하루 500kcal를 줄여야 되고 0.9kg을 줄이려면 1000kcal를 적게 섭취해야 하는데 이때 영양의 균형을 맞추지 않으면 건강을 해치게 된다. 혼자 맘에 드는 체중감량 보조제나 한 가지 식품만을 제멋대로 골라 먹다 보면 체중은 빠질지 몰라도 돌이킬 수 없는 부작용을 얻게 된다. 그리고 곧 요요 현상에 시달리게 된다.

제발, 내 몸을 생각한다면, 될 대로 되라 식의 자기 맘대로 하는 다이어트는 이제 끝내기 바란다. 나 역시 '내 멋대로 다이어트'를 수도 없이 많이 해봤다. 직업이 연예인이다 보니 그 어느 대한민국 어머니들보다 더 많이 다이어트를 해봤고, 결국에 죄다 헛수고였다. 수년간 직접 경험한 내 말이니 믿어보길 바란다.

세 번째, 사우나에 가서 땀 빼기를 죽자 사자 한다! 소금 사우나, 황토방, 숯가마…. 많고 많은 땀 빼는 방들은 지금 이 시간에도 배를 움켜쥐고 헐떡거리는 주부 손님들로 발 디딜 틈이 없을 것이다. 사우나를 하면 물론 체중이 줄어든다. 그러나 사우나는 다이어트의 목표인 지방을 줄이는 것이 아니라 몸 안의 수분이 땀으로 빠져나가 일시적으로 체중이 줄어든 것처럼 느껴지지만, 사우나로 땀을 빼면 내 몸에 꼭 남아 있어야 할 비타민과 미네랄도 함께 줄줄 빠져나갈 수 있다.

네 번째, 다이어트 하면 한 가지만 먹는 '원 푸드 다이어트'를 가장 먼저 시도한다! 인체가 필요로 하는 영양소를 모두 함유하고 있는 식품은 이 세상에 없다. 영양의 균형을 무시한 다이어트는 요요현상을 초래해 모두 실패로 끝나며 건강을 해치기까지 한다. 한 가지만 먹으면 골다공증, 빈혈, 탈모, 뇌기능 저하, 위염, 피부탄력 저하 등 각종 합병증을 초래할 수 있으므로 특히, 우리 주부들에게는 절대 권하고 싶지 않은 다이어트라 하겠다. 앞에서도 말했지만 젊은 여성들에게도 당부한다. 먼저 해 본 내가 다 경험한 것이니 절대로 원 푸드 다이어트는 하지 마라!

다섯 번째, 식후에는 꼭! 반드시! 커피를 마셔줘야 한다고 생각한다. 식사 후 바로 마신 커피는 방금 먹은 음식을 뱃살로 만든다. 그래도 커피를 너무 너무 마시고 싶다면 카페인이 없는 것으로 골라 마시고 카페인이 든 커피는 식사와 식사 사이에 마시거나 양을 줄이는 것이 뱃살빼기 전에 선행되어야 할 필수 조건이라는 것을 꼭 기억하기 바란다.

<u>여섯 번째, 나도 그렇지만, 체중을 너무 자주 재본다.</u> 다이어트 초기에는 누구나 아침, 저녁으로 체중계에 오르고, 그러다 보면 별로 효과가 없는 것 같아 이렇게 힘들여 죽기 살기로 할 바에야 도중에 포기하고 싶기 십상이다.

보통, 일주일에 0.5~1kg 빼는 것이 우리 몸에 무리를 주지 않는 체중 감량치라고 한다. 이틀을 굶었는데도 아직도 그대로야? 아니, 내 몸무게는 써도써도 그대로라고 광고했던 비놀리아 비누야? 이렇게 섣부른 판단을 내리지 말고, 느긋하게 3일에서 일주일에 한 번씩만, 아침에 화장실에 다녀온 후 체중을 재보는 것이 좋다. 그래야 정확한 나의 체중 감량 정도를 판단할 수 있으니까 말이다. 체중이 아니라 체지방을 빼야 하니까 말이다!

<u>일곱 번 째, 배와 허벅지, 심지어는 팔뚝살만 빼준다는 부위별 살빼기에 열중한다!</u> 정말이지 내가 이번에 운동을 하면서 정말 뼈저리게 느낀 사실인데, 뱃살은 윗몸 일으키기로, 굵은 넓적다리는 다리 운동으로 줄일 수 있다는 생각은 말짱 거짓이었다. 이러한 운동들은 지방의 감소보다 근육을 증가시키고 탄탄하게 만들어 주는데 효과가 있지, 그 부위에

쌓여 있든 체지방을 줄이려면 반드시 유산소 운동을 병행해야 한다.

　파워워킹, 가벼운 조깅, 또는 에어로빅 등의 유산소 운동은 우리 몸속의 호르몬을 균형있게 발생시킬 뿐만 아니라, 지방연소 효소를 증가시켜주고, 내 몸속에 고질적인 체지방의 저장을 막아주며, 식욕도 줄여줄 뿐만 아니라 요요현상까지 예방하는 다이어트 필수조건이다. 그러므로, 유산소 운동과 근육운동(무산소 운동)을 병행해야만 원하는 부위에 살도 빠지고 탄력 있는 몸매를 만들 수 있는 것이다.

　이것을 이제야 깨달았다! 3, 40대에 요즘 젊은이들처럼 이런 제대로

“주부들이여 그동안 잘못된 다이어트로 건강만 잃었던 기억,
돈만 허비했던 기억을 뒤로 하고 운동을 시작하자!”

된 지식을 가졌다면 더 완벽한 몸과 외모를 가졌을텐데…, 너무 욕심이 많은가?

그리고, 누구누구의 결혼이다 환갑잔치다 해서 뷔페 갈 일이 생기면 마치 운명적으로 나는 다이어트 할 팔자가 아니라며 옷을 챙겨 입고 나선다. 그리고, 오늘만 먹자고 접시 한 가득, 적어도 세 번은 왔다 갔다 말 그대로 '뽕'을 뽑고 와야 직성이 풀리는 생활을 반복하면서 그 와중에 다이어트 얘기를 하며 생활하니, 나와 거의 모든 대한민국 엄마들이 참 어처구니없는 습관을 반복해 왔다고 할 수 있겠다.

아무리 탤런트라고 해서 나라고 그런지 말란 법 없다. 요즘에야 10대 때부터 몸매 가꾸기에 열중해 나쁜 버릇은 안들이려고 한다지만, 아줌마가 되면 대한민국 어머니들은 대략 평준화된다. 나라고 예외는 아니었다. 그 뭔가의 '응어리'를 풀어내지 못하는 아줌마들은 30대도 마찬가지다. 이런 나쁜 버릇들이 차곡차곡 쌓여 살을 이루는 것이다.

그러기를 쉰 다섯 해를 살아온 나는 작년부터 급격히 기억력이 떨어지고 시력도 나빠졌다. 깜박깜박이 정도를 지나쳐 이제 벽에 사소한 것들까지 써 놓지 않으면 돌아서면 잊어버리는 지경에 이르렀고, 그렇게도 잘 외우던 드라마 대사도 외우기 힘들어져 녹화장에서 스텝들이나 후배 연기자들에게 걱정을 듣는 일이 많아졌다.

그 전에야 이런 기억력 감퇴가 일시적일 뿐이라고, 혹은 다른 일에 걱정이 많거나 신경을 많이 써 일어나는 정도겠거니 했었다. 허나 아들을 먼저 보내고 나서 몸도 마음도 방치해놨던 나로서는 문득 또 다른 겁이 나기 시작했다. 남들은 60대가 훌쩍 넘어서야 생긴다고 생각했던 치매가 아닐까 하는 걱정이 일었던 것이다. 이왕 몸을 고치기로 마음 먹었으니, 내 생애 마지막이라고 할 만한 제대로 된 다이어트에 도전하기 전, 급

Doctor + comment

뚱뚱한 사람은 더 빨리 늙는다!

노화방지에 있어서 우리가 꼭 염두에 두어야 할 중요한 한 가지는 바로, 뚱뚱한 사람이 더 빨리 늙는다는 것이다. 지나치게 많은 체지방은 세포 노화를 촉진시키는데, 이 체지방을 없애기 위해서는 필수적으로 운동을 해야 한다. 운동은 체내지방을 태워 날씬한 몸매를 만들어줄 뿐만 아니라 땀과 함께 노폐물이 배출되어 피부를 매끈하게 가꿔준다.

또한 운동은 피부가 젊어지게 하는 성장 호르몬을 촉진하는 중요한 역할을 하기도 한다. 1주일에 2회씩 강도 높은 하체 운동을 하면 성장 호르몬이 증가한다는 연구결과도 발표됐다. 비만과 노화는 이렇게 서로 뗄래야 뗄 수 없는 관계를 유지하면서 당신이 운동하기를 기다리고 있다.

박석범 리더스 피부과 원장

기야 나는 비밀리에 치매 클리닉을 찾아가기에 이르렀다.

　전문 검사를 받고 1주일 간 검사결과를 기다리는 동안, 나는 내 생이 너무나 처참하다는 자괴감에 수면제 없이 잠들지 못하는 나날들이 이어졌다. 먼저 몸을 치유해보겠다고 마음을 먹었는데 치매 클리닉이라니…. 정말 이제 다 살았다는 생각이 들었다. 겨우 쉰을 조금 넘겼을 뿐인데 말이다. 1주일이 10년 같았다. 방치했던 몸과 마음에 대해서 깊은 후회가 밀려들었다. 아직 살 날이 더 많은 나이인데….

　하지만 나는 우울증이라는 검사결과를 받았고, 치매는 아니라는 검사결과에 정신을 바짝 차리고 제대로 다이어트에 착수할 수 있었다. 제대로 몸과 마음을 돌보자고 굳게 마음먹은 것이다. 이제 변해야 한다는 생각, 이대로 나를 방치할 수 없다는 의욕이 나를 다시 일어나게 했던 것이다.

엄마가 되면 왜, 팔뚝이 굵어질까?

　부위별 다이어트에 대해 언급했으니 잠깐 하는 말인데, 나는 특히 팔뚝살에 대한 고민이 컸다. 40대로 접어들면서 처지기 시작한 팔뚝살은 마치 한복 저고리를 입고 팔을 펴서 보여주는 듯 그렇게 한 없이 늘어지기 시작했고, 그 좋다는 흔들기, 손바닥으로 세게 치기, 경락, 꼬집기,

슬리밍 제품을 발라 랩으로 싸도 보고 풀어도 보고, 급기야 팔뚝 지방제거 수술까지 해봤으니, 하여튼 들인 돈 만해도 족히 차 한 대 값은 될 것 같다.

팔뚝 지방제거 수술은 약 6년 전 해봤는데, 수술 후 통증 때문에 마사지를 제대로 받지 못하고 곧바로 드라마 촬영에 투입돼, 지방이 빠져 나간 자리와 수술 후 살이 찌면서 요요가 생긴 부위가 뒤엉켜 울룩불룩한 상태가 되어버렸다.

이렇게 될 바에야 그냥 살지, 왜 이런 수술까지 해서 이 고생인가 싶어 얼마나 후회했는지 모른다. 임신과 출산을 겪고 나면 대부분의 엄마들은 출산 전보다 팔뚝이 더 굵어진다. 팔뚝의 군살을 흔히 근육이라 생각하기 쉽지만, 실제로는 지방이 오랜 시간 쌓이고 쌓여 근육처럼 단단해진 경우가 대부분이라고 한다.

팔뚝 뿐만 아니라 40대를 지나면서, 혹은 30대를 경계로 그 전에는 그냥 땡땡하던 살들이 축축 처지는 것을 경험하게 된다. 아가씨 때는 그 누구도 절대로 그럴 줄 몰랐을 것이다. 원치 않는 가슴 같은 부위의 근육은 사라지고, 없어져 줬으면 하는 팔뚝과 허벅지 안쪽 살은 늘어져만 간다. 나이 든 것도 서러운데 살들이 제멋대로 춤추는 '날개살'의 시대가 도래하는 것이다.

결혼 전, 아가씨 때는 사실 무거운 짐을 총각들이 다 알아서 들어줬지만 출산 후에는, 최소 3.5㎏ 이상 되는 아기를 매일 안고 어르면서 보통 팔 힘으로는 버텨내기 힘든 게 사실이다.

엄마가 되면서 특히 일을 많이 하게 되는 우리의 팔뚝은 이와 함께 근육 뭉침 현상이 심해져 팔 아래쪽에 살이 늘어나게 된다는 것이다. 게다가, 팔은 어깨가 움직여져야 활동을 할 수 있는데, 보통 집안일이나 아기를 안는 등의 일은 어깨를 움직이지 않고 손과 팔꿈치 아래쪽의 근육만 움직이는 일들이라 팔뚝에 살이 붙게 될 수 밖에 없다는 것이다.

참으로 슬픈 일이지만, 자식을 안아주는 행복을 내 팔뚝살 때문에 포기할 수는 없으니, 평소 자세를 바꿔주는 것으로 우선 어느 정도 예방이 가능하다고 한다.

앉을 때는 허리를 곧게 펴고 앉는 습관, 자주 두 팔을 벌려 가슴을 활짝 펴주는 자세를 유지하는 게 중요하고 등 뒤로 두 팔을 깍지 끼고 상하로 움직이는 운동을 틈나는 대로 해주다 보면 팔뚝살이 붙는 것도 예방하고 있는 살을 빼는 데도 도움이 된다고 하니 우리 모두 오늘부터라도 당장 실행해 보도록 하자.

그리고, 잠들기 전 뭉친 팔 근육을 주물러 주고, 근육이 풀어진 후에는 수건이나 덤벨을 이용해 할 수 있는 팔 운동을 잊지 않고 하면 더욱 효과적이다.

조금이라도 더 젊었을 때부터 꾸준히 해주면 나와 같은 날개살 경험은 하지 않으리라. 내 동년배를 전후로 한 분들도 그렇다고 포기하지 말고 대한민국 어머니의 근성으로 자신을 바꿔 나가 보자.

제대로 알면 주부들의 생활이 곧 다이어트다!

다이어트를 즐길 수 있는 또 하나의 방법은 생활 속에서 다이어트 아이디어를 찾아내 습관을 들이는 일이다. 남은 음식은 이제 더 이상 주부의 몫이 아님을 인정하고, 먹는 것이 낙이고, 먹는 게 남는다는 입버릇으로부터 해방되어야 할 것이다. 우선, 혼자 먹는 습관부터 줄여가는 것이 주부들에게는 무엇보다 필요한 식습관이다.

그래서 되도록이면 밖으로 나가 사람들을 만날 것을 권한다. 이집 저집 돌아다니며 음식을 맛보는 앉은뱅이 먹자 모임에서 벗어나, 야외에서 운동을 하거나 공연을 보는 등 좀 더 안락하고 풍요로운 모임이나 취미를 만들어 보면 좋을 것 같다.

봉사를 한다든지, 가족들을 일부러 마중 나가 보는 것도 좋을 것 같다. 이렇게 의도적으로 움직일 수 밖에 없는 생활패턴을 갖기 위해, 잘 만나는 멤버들끼리 먼저 즐겨 찾는 곳에서부터 새로운 다이어트 습관을 만들어 나가 보자. 나 역시 큰 일을 당하고 나자 많은 이들이 위로를 해주었지만, 그들이 돌아가고 난 후 혼자 남았을 때, 그것도 밤에 무심코 먹는 혼자만의 야식 습관은 고치기 힘들었다.

운동은 생각보다 끈기를 가지고 당차게 해나갔지만, 무심코 먹는 야식은 특히 혼자 있을 때는 먹는다는 자각조차 들지 않았으니 말이다.

시간 나는 여유 많은 엄마들만 가능하다거나 하는 핑계는 버리자. 젊었을 때와 비교하면 꽤 많은 시간을 만들어 낼 수 있는 나이가 우리 때이니 말이다. 그것이 노년에 올 수 있는 몸과 마음의 건강보험이라고 생각하면 될 것이다. 건강을 잃은 후에는 그 무엇도 아무 소용이 없다. 가족보다도, 혹은 가족을 위해서도… 어머니 당신의 건강이 가장 중요하기 때문이다.

비만 여성의 80%가
임신과 출산을 계기로 살이 쪘다!

임신을 하면 누구나 어느 정도 살이 찐다. 이것은 임신기에 많은 에너지가 소모되면서 식욕이 증가하고, 소화 및 흡수 기능을 촉진시키기 위해 몸 안에 지방을 미리 미리 축적시키기 때문이다.

또한, 임신 중 비만의 원인은 넘치는 식욕 때문에 참지 않고 먹는 데 있다. 물론 뱃속의 아기를 위해서라도 함부로 체중 감량을 시도해선 안 되겠지만, 무작정 당기는 대로 실컷 먹어야 한다고 생각해서도 안 된다. 임신 중에는 평소 섭취하던 칼로리에 500kcal 정도를 더 섭취하는 것으로 충분하다.

그리고 많은 열량을 섭취하기보다는 우유나 멸치, 해조류 등 저칼로리이면서 단백질과 미네랄이 풍부한 것을 골고루 섭취하는 것이 좋다. 그러나 출산 후, 출산 전 원래의 체중으로 돌아오지 못하는 여성이 평균 30%나 된다는 통계가 있다. 또, 30대 비만 여성의 80%가 임신과 출산을 계기로 살이 쪘다는 통계도 있다. 임신 중 찐 살은 평생을 간다는 말이 사실일까? 그렇지 않다!

임신 중에 과식하던 식습관을 출산 후에 고치지 못하고 계속 지속하고 있는 경우가 많기 때문에, 출산 이후에도 살이 잘 빠지지 않는 것이다. 보통은 임신기간 중 살이 쪘더라도 출산 후 6개월이 지나기 전 예전 몸무게로 돌아와야 하는데, 이것은 저절로 되는 것이 아니다.

출산 이후 체중조절을 위해서는 평소
의 식사량보다 약간 적은 듯 칼로리
를 줄여가며 매일 적당한 운동을 병
행해야 한다. 그러므로 출산 후 생긴
비만에서 벗어나지 못하고 있다면,
현재의 식습관을 되돌아 볼 필요가
있다. 칼로리가 높은 식품을 아직도
계속해서 먹고 있지는 않은지 꼼꼼히
점검해 보기 바란다.

여 에스더 에스더 클리닉 원장

목욕탕 및 찜질방을 다이어트에 이용하기

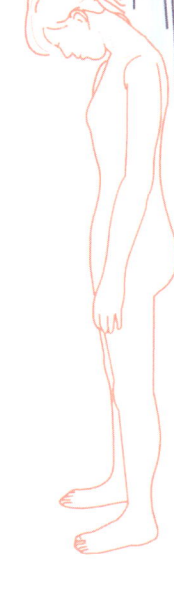

물대포나 폭포를 이용한 집중 마사지

보통 목욕탕이나 찜질방에는 탕 속에 물 마사지를 할 수 있도록 물대포가 설치되어 있다. 이런 물대포가 없다면, 샤워기를 세게 틀어서 활용해도 좋다.

세게 튼 물로 엉덩이, 아랫배, 등살, 뭉친 목 주변을 집중적으로 마사지 한다. 그러나, 냉탕일 경우는 너무 오랜 시간 마사지 하지 않을 것을 권한다. 절대 잊지 마라! 아줌마들은 몸을 따뜻하게 해야 살이 빠진다는 사실을!

바가지를 활용한 양팔 운동

편하자고 무조건 샤워기만 쓰지 말고, 세숫대야나 바가지를 이용해 욕조물을 푸게 돼면 팔의 앞쪽 근육을 쓰게 되고, 바가지에 물을 퍼서 머리 위에 끼얹으면 팔 뒤쪽 근육을 쓰게 되 팔뚝살 운동이 제대로 되는 것이다.

그런데, 한 손만 사용하면 관절에 무리가 올 수도 있고 운동 효과가 적어지니, 반드시 양손을 사용하길 권한다. 언제나 몸 양쪽의 균형을 고려하라!

탕 안에서 하는 가슴 스트레칭 운동

욕조 안에서 양팔을 뒤로 보내 깍지를 낀다. 견갑골을 중앙으로 모으듯 팔을 뒤로 당겨준다. 이때 앞가슴은 충분히 펴고 턱은 당겨준다. 이 상태에서 어깨가 올라가지 않도록 주의하면서 스트레칭 해 보자.

반신욕하면서 하는 자전거 운동

반신욕을 하기 위해 탕에 들어가면, 욕조 벽에 등을 붙이고 양팔로 욕조를 잡은 후 좌우 다리를 교대로 자전거 타듯 운동 해준다. 물 밖으로 다리가 나오면 주위 사람에게 물이 튀니 주의하면서 천천히 30초, 빠르게 30초, 휴식 30초를 반복한다. 탕에 사람이 어느 정도 빠졌을 때 하는 게 좋겠지?

장보러 가서 할 수 있는 다이어트 습관

보폭을 크게 하고 빨리 걸어라

장바구니는 양을 나눠 양손에 나누어 들고 팔을 올렸다 내렸다 하며 걸어보자. 팔 근육을 운동시키는 데 좋은 방법이다. 가능한 보폭을 크게 하고 빨리 걸어야 운동효과가 있으니 명심할 것!

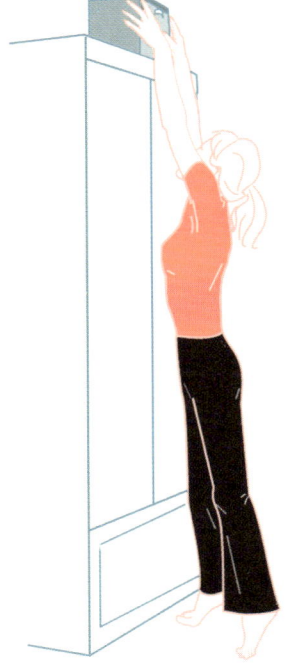

높은 곳의 물건도 가능한 한 직접 꺼내라

높은 곳에 있는 물건을 꺼내기 위해 몸의 중심을 잡은 상태에서 발꿈치를 높이 치켜들고 팔을 쭉 뻗은 자세는 전신 스트레칭은 물론 복부에 힘을 가하면 체력소모가 큰 운동이 된다.
이 방법은 정말 내가 강력 추천해 주고 싶은 방법이다.

TV를 볼 때, 할 수 있는 다이어트 습관

바닥에 앉아 TV 볼 때

바닥에 앉을 때는 허리를 꼿꼿이 세우고 양반다리로 자세를 취하고 앉아서 좌우로 허리를 돌리면 허리 운동이 된다.

또, 다리를 쭉 뻗어 발을 세운 상태에서 다리 전체 뒷 근육을 스트레칭 하면 자연스럽게 허벅지는 물론 허리까지 이어져 운동효과를 얻을 수 있다.

누워서 TV 볼 때

일단 누워서 TV를 보는 습관은 가급적이면 버리기 바란다. 하지만, 어쨌든 누워야 한다면, 바닥에 몸을 쭉 펴고 엎드린 상태로 TV를 보는데, 무릎을 구부리지 않고 다리를 번갈아 들어 올리면 힙업 운동이 된다.

아줌마 나잇살 빼기,
방법은 있다!

배에 王자를 달고 다니는 주부 트레이너와 만나다

나의 다이어트는 철저히 전문가들에 의해 프로그래밍 되고, 관리돼 왔다. 젊었을 때 직접 경험해 본 수많은 다이어트, 그리고 각종 보조제, 주사, 수술… 등 그것의 재탕이라면 아예 시작도 하지 않았다. 맨 처음, 연골이 닳아 운동을 못하는 엄마를 걱정하다 기획을 하게 됐다며, 주부 대상 다이어트 비디오 제안서를 들고 이 작가가 찾아왔을 때, 나는 이게 바로 내 이 처참히 무너져 가는 인생에 온 마지막 기회라고 생각했다. 그러나, 솔직히… 내색은 절대 못했다.

내가 이제 믿을 수 있는 것이라곤 나 자신밖에 남지 않았는데, 단순한 살빼기가 아니라 몸을 고칠 수도 있지 않을까 솔깃했던 것이다. 그래,

그냥 다이어트라면 수없이 해봤다. 뭔가… 다른 게 필요했다. 그게 무엇인지 잘 모르겠지만…. 그때 함께 온 여자 트레이너는 내 몸 구석구석을 테스트 해보고, 몇 가지 동작을 따라해 보라고 했다. 나는 깐깐한 인상의 트레이너 박 코치가 시키는 대로 동작을 하는 동안 끊임없이 속에서 울컥대는 기침을 내뱉으며 괴로워 했다.

"이거 뭐 동작이 이래? 이건 아니잖아?"

"기침이 나시는 건 걱정하지 마세요. 일상적인 호흡법이 아니라서 생기는 자각 증세니까요. 현재 골반이 틀어져 있고, 천식이 있는 것도 운동을 하시면 교정될 수 있을 거예요."

또박또박 내 몸 구석구석을 훑어내리며 점쟁이 마냥 몸 상태를 짚어내는 그녀는 갑자기 웃옷을 훌렁 들어 올리며 자신의 단련된 복근을 보여줬다. 말로만 듣던 왕(王)자! 그녀의 조그만 복부에는 떡하니 왕자가 또렷하게 새겨져 있었다.

박 코치는 서른 두 살에 다섯 살 난 아들을 둔 주부 트레이너였다. 박 코치는 내게 말했다.

"얼마나 빼고 싶으세요?"

나는 순간 멈칫하며 기획자인 이 작가를 쳐다봤다.

"박선생님을 55사이즈로 만들고 싶어요. 지금, 88까지 입으신데요."

어휴, 창피해 죽겠는데 당돌하게 내뱉은 이 작가의 주문.

"문제 없겠어요. 전형적인 어머님 몸매지만, 골격이 좋으시고, 몸 상태도 운동으로 완화될 수 있어요. 무릎도 안 좋으시고, 허리도 아프시죠? 어깨 뻐근한 건 달고 사시구요. 그래서 아마, 운동효과를 더 확실히 보여줄 수 있을 것 같아요. 자, 해보죠!"

'어린 것들이 내 속을 어찌 알아?' 반신반의 하면서 "그럼, 57kg 정도로 만들어 줘~."

나는 그 때까지 내 몸무게가 62kg 정도라고 굳게 믿고 있었다.

엄마들의 엄마들을 위한 운동

나는 이렇게 몇 가지 분야의 전문가들이 짜준 4, 50대 나아가 60대 어머니들도 따라할 수 있는 프로그램을 실시했다. 돈만 많으면… 연예인이니까…, 전문가가 딱 달라붙어서 일일이 해줬을 꺼라고?! 천만의 말씀이다.

동네 헬스클럽을 가봐라. 개인 트레이너가 꼼꼼히 챙겨줘도 운동을 안 하는 사람은 안 한다. 자신의 목표와 의지가 가장 중요하다! 돈이 없다고? 이 책에서 가르쳐 주는 동작들은 내가 직접 체험해서 우리 또래에게 안전함을 확인한 가장 좋은 운동들이다. 환경이나 경제적 여건을 탓하기에는 살 날이, 좋은 날들이 너무 많다. 그러니 지금, 이전의 나처럼 여기저기 쑤시고, 각종 통증과 관절염 등을 달고 사는 어머니들께는 돈과 시간이 있다고 해서, 아무거나 한다고, 먹는다고 해서 쉽게 고쳐지지 않는다.

자신의 기초체력을 위시한 건강을 바로 잡으려면 이 책에서 가르쳐 주는 것들을 간과하지 말자. 딱, 이 책을 따라 5주만 실시해 보자. 젊은 여성들의 다이어트를 함부로 따라해선 큰 코 다치는 것에 끝나는 게 아니라 남은 생을 망친다!

아줌마 뱃살 빼기, 생각보다 쉽다!

헌데 왜 나는 다른 사람들에 비해 그리 많이 먹지도 않는데 살이 찌는 걸까? 특히나 이놈의 뱃살은 왜 도대체 빠질 생각을 안 하는 건지….

앞서 말한 바와 같이 나이가 들면 기초대사율이 떨어져서 자연소모되는 칼로리가 20대 때 보다 훨씬 적기 때문이다. 게다가 먹는 것을 줄이는 것만으로 뱃살은 해결되지 않는다. 뱃살을 빼려면 식사조절은 물론 반드시 운동을 병행해야 한다. 뱃살을 빼기 위해서는 '유산소 운동' 과 '박원숙식 복근운동' 그리고, '식사조절' . 이 3박자가 조화를 이뤄야 함을 강조하는 바이다.

온 국민이 거국적으로 뱃살과의 전쟁을 치르고 있는 이 때, 숨을 많이 쉬면서 근육에 산소를 공급하는 '유산소 운동' 을 꼭 해야 한다. 테니스

나 단거리 달리기처럼 거칠게 뛰는 운동은 우리 몸에 산소가 축적될 틈도 없이 다시 내뱉어지는 '무산소 운동'이다.

하지만 조깅, 수영, 에어로빅, 줄넘기 같은 운동은 앞서 말한 '무산소 운동'에 비해 호흡이 거칠지 않은 운동이므로 그만큼 산소를 많이 흡수할 수 있고, 몸 안의 체지방을 연소시켜준다. 특히 빠른 시간 안에 확실히 뱃살을 뺄 수 있는 유산소 운동이 바로 '파워 워킹'이다. 30분 정도의 파워 워킹은 천천히 걷기 시작해 몸이 걷는 일에 적응되면 속도를 높여 숨이 가쁠 정도로 빠르게 걷는다.

이 때 등을 펴고 보폭은 넓게, 팔은 활발하게 움직이는데, 1kg 정도의 덤벨을 들고 하면 운동효과가 훨씬 높아진다. 그리고 파워 워킹은 20분 이상 걸어야 효과 있으므로 인내를 갖고 노력해 보기 바란다.

그러나 이런 유산소 운동도 1시간 이상을 하게 되면 무산소 운동이 되므로 시간을 쓸데없이 늘려 운동하면 하나 마나라는 점 또한 강조한다. 물론 매일 일정 시간 규칙적으로 하면 효과가 더 좋다는 사실도 기억할 것!

박원숙 식 복근강화 운동

복근운동으로 근육의 양을 증가시키고 근육의 활성을 높이면 당연히 기초 대사량도 많아져 살이 빠지기 쉬워진다. 이제부터 매일 파워워킹과 함께 박원숙식 복근강화 운동을 해보자. 숨을 들이마실 때 배를 최대한 끌어 올려 등에 붙는다는 기분이 들게 하고, 복근을 가슴 쪽으로 끌어올린다.

이때, 어깨가 올라가지 않도록 주의하고, 턱은 가슴을 향하도록 당겨야 한다. 복근을 조일 때, 괄약근을 함께 조이면 효과는 더욱 좋아진다. 이 동작은 생각보다 효과를 빨리 볼 수 있는 동작이므로, 정확한 동작방법은 매주별 다이어트 이야기 끝에 사진과 함께 쉽게 나와 있다. 그것도 어려우면 '박원숙의 메디컬 피트니스' 비디오를 통해 확인해 보는 것도 좋을 것 같다.

식사 조절(감식)

감식은 지방을 소모하는 것이 아니라 포도당을 떨어뜨리는 역할을 하기 때문에 감식 기간을 끝내고 다시 먹으면 금세 다시 살이 찐다. 물론 뱃살은 지방이 많아서 운동을 하는 것이 좋지만 감식과 병행하면 뱃살 빼기는 좀 더 쉬워진다. 감식의 가장 좋은 방법은 하루 세 끼를 먹되 저녁식사는 잠들기 5시간 전에 끝낼 것을 권장한다.

야식습관은 뱃살의 최대 적이니, 뱃살을 빼는 동안에는 물을 많이 마

시거나 식이섬유가 많이 들어있는 채소를 섭취해 야식 생각이 나지 않도록 주간에 미리미리 대비를 해 두는 것이 좋다. 그리고, 저녁에 먹는 과일 또한 칼로리가 생각보다 높으니 자제하기 바란다!

우리 몸을 지탱하는데 하루에 필요한 최소한의 칼로리는 1,200kcal 정도라고 한다. 나같은 경우, 다이어트 할 때는 하루 1,500kcal 정도를 유지했는데, 참기름이나 올리브 오일 등 식물성 지방에는 비타민 E가 함유돼 있어 적당히 먹으면 포만감을 주는 효과가 있어 기름기가 필요한 요리를 할 때, 식용유 대신 사용했다.

탄수화물은 섭취하면 바로 포도당으로 변해 뇌에 영양을 주는 에너지원이 되는데, 하루에 밥 2 공기, 한 끼마다 2/3 공기씩을 먹는 것이 적당하다.

아랫배를 빼주는 생활습관은 무엇일까?

여성들에게 있어 아랫배에 관한 콤플렉스는 생각보다 깊다. 특히 출산 경험이 있는 여성들의 아랫배 살빼기는 눈물겹기까지 하다. 하지만 여성들의 아랫배 비만은 잘못된 자세와 생활 습관이 가장 큰 원인이라는 점을 알고 있는 여성들은 그리 많지 않다. 아랫배를 슬림하게 만들 수 있는 올바른 생활 습관 몇 가지를 권한다.

1. 서 있을 때는 배를 내밀지 않는다.
배를 내밀고 서 있으면 아랫배가 나온다. 상체에 힘을 살짝 주어 꼿꼿한 자세를 유지하도록 노력하자. 물론 앉아 있을 때도 배에 힘을 주고 상체를 세우듯이 앉아 있도록 한다. 특히 TV를 볼 때나 책을 읽을 때 배를 내밀지 않도록 주의할 것!

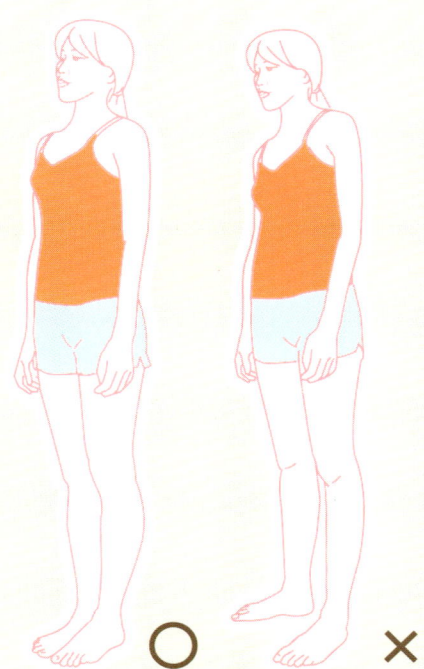

2. 서 있을 때 두 발을 11자로 유지한다.

두 발이 너무 벌어지거나 한쪽 발에만 힘을 주고 서 있을 때는 배에 힘을 주기가 어렵다. 특히 한쪽 다리에 체중을 의지하는 습관은 뼈와 근육을 기형으로 만들 수 있으니 주의하자.

3. 걸어 다닐 때 배에 힘을 주고 걷는다.

배에 힘을 주어 걸으면 뱃살 빼는데 효과적이다. 곧게 서 있는 것과 마찬가지로 걸을 때도 자세를 똑바로 해서 걷는다. 허리를 펴고 배를 가슴 쪽으로 잡아당긴다는 느낌으로 배에 힘을 준다. 물론 이때 엉덩이에도 힘을 주면 엉덩이 선도 예뻐진다. 그리고, 계단을 오를 때는 발의 앞부분만 계단에 닿도록 해 올라가면 다리선이 예뻐진다는 것도 잊지 말도록!

4. 의자에 앉을 때는 엉덩이와 허리를 깊숙이 넣어 앉는다.

엉덩이를 의자 끝에 걸치고 앉게 되면 근육이완과 허리 건강에도 좋지 않다.

게다가, 복근이 이완되고 허리에도 부담이 커져 아랫배가 나오게 된다. 따라서 의자에 앉을 때는 의자 등받이에 등을 기댈 수 있도록 엉덩이를 깊숙하게 넣어서 앉도록 한다.

척추를 곧게 피면 전신부종도 예방할 수 있다.

여 에스더 에스더 클리닉 원장

다이어트에 꼭 필요한 영양제를 챙겨 먹어야 한다

이렇게 식사조절을 통해 최소한의 열량을 섭취한다면 다이어트에 들어가기 전, 반드시 돈을 써야 할 종목이 있다. 바로, 내 몸에 유익한 단백질과 비타민, 그리고 식이섬유를 대체할 만한 양질의 보조식품을 선택하는 것이다. 나는 다이어트 전, 병원에서 나의 몸 상태를 점검하고 곧바로 의사의 처방에 따라 내게 맞는 몇 가지 비타민과 단백질 보조제를 구비했다.

머리맡에, 식탁에, 차 안에 가방 속에도 이 필수품들을 챙겨 넣는 일을 습관화 해 나는 지치지 않고 5주간 운동할 수 있었으며, 탄력 있는 피부까지 덤으로 얻었다. 이런 보조제들은 약이 아니다! 약은 아니지만 체성분의 밸런스를 맞춰 주기 때문에 우리 나이대에는 반드시 필요하다. 현대인의 식습관으로는 균형있는 영양섭취가 어렵고, 특히 다이어트를 할 때는 상승효과도 줄 수 있기 때문이다. 좋다 하는 약들은 많고 많지만, 다이어트를 하면서 반드시 함께 먹으면 다이어트 효과도 높아지고, 더욱 튼실한 몸 상태 만들 수 있으니 이것만큼은 큰 맘 먹고라도 돈을 좀 써보기를 권하고 싶다.

그렇다 하더라도 5주간 복용한 다이어트 필수 영양제를 구입한 금액이 모두 합해 10만원도 채 안 된 걸 보면 내 일생을 건 마지막 다이어트에 투자하는 금액 치고는 그렇게 많은 돈은 아니라고 생각한다. 그만큼 중요하다는 점! 다시 한 번 강조한다.

여유가 안 된다면, 이를 대체 할 수 있는 식품군을 함께 소개하니 꼭 챙겨 드시기 바란다. 젊은 여성들만큼이나 중요한 엄마들의 몸은 이렇게 더욱 더 똑똑한 다이어트가 필요하다. 어렵다고 생각 말고 여러 번 머릿속에 꽉 붙들어 두자. 기억력도 높이고 뇌도 단련해 젊어지고…. 일석이조 아닌가?!

우선, **단백질**은 공복감을 없애는 효과가 있다. 적은 양을 먹어도 포만감을 주기 때문에 과식이나 간식을 멀리하도록 도와준다. 단백질은 흰살생선이나 달걀, 육류에 많은데, 육류는 실제 칼로리가 높지만 껍질이나 지방질을 제거해서 데쳐 먹으면 저칼로리가 된다. 동물성 단백질이 부담스럽다면 식물성 콩 단백질을 먹는 것도 좋다. 쇠고기, 돼지고기, 닭고기, 연어, 콩, 치즈, 우유, 유제품에 몸에 좋은 단백질이 많다.

생 채소에 많은 **식이섬유**는 장에 남은 지방을 분해한다. 식이섬유는 변비에 효과적이고 혈액 안의 콜레스테롤을 낮추며 소화기관에서 수분을 흡수해 팽창하기 때문에 포만감을 준다. 체내에 남은 지방을 흡수해 바깥으로 내보내는 영양소로 물에 녹지 않는 불용성이 있는데 수용성 식이섬유가 더 효과가 크다. 수용성 식이섬유는 야채류, 과일류, 말린 과일, 해초류, 콩류에 많이 함유돼 있다. 식이섬유는 과일류, 특히 건과류에 많은데 섬유질이 많은 껍질 부분까지 먹을 수 있기 때문이다.

다음은 다이어트로 인한 노화를 예방해 주는 미네랄과 비타민이다.

미네랄과 비타민은 우리 몸 속 체지방을 연소시킨다. 미네랄은 무기질을 말하며 칼슘, 인, 철분 등 건강유지에 필수적인 영양소로 미네랄과 비타민은 몸 자체 내에서 합성되지 않으므로 식품에서 꼭 섭취해야 한다.

비타민 B_2는 섭취한 지방질을 연소시키기 위해 필요하며, B_1은 당이나 탄수화물을 에너지로 만든다. 참기름이나 올리브 오일에 많이 함유된 비타민 E는 피부에 좋다. 우유 · 두부 · 무말랭이 · 해조류 · 시금치 · 치즈 · 파슬리에는 양질의 칼슘이 듬뿍 들어있고, 말린 해조류 · 바지락 · 대합 · 김 · 건포도에는 철분이, 돼지고기 · 장어 · 명란젓 · 간 · 셀러리 · 버섯에는 비타민 B_1, 달걀 · 시금치 · 정어리 · 부추 · 유제품에는 비타민 B_2이 많이 들어 있다.

당근, 우유, 치즈, 달걀, 시금치, 호박, 해초류에는 비타민 A가 들어 있으니 다이어트 식단을 짤 때, 혹은 가족들을 위해 요리를 할 때도 반드시 참고해 챙겨 먹기 바란다.

탄수화물은 다이어트의 적이 아니다!

다이어트를 할 때, 정해진 것 외에는 먹지 않는 습관이 중요하다. 하지만, 일반적으로 살을 찌우는 영양소인 지방과 탄수화물을 무조건 먹지 말아야 한다는 것은 잘못된 생각이다.

다이어트를 할 때, 탄수화물도 꼭 섭취해야 한다. 우리의 뇌는 매일 꼭 탄수화물을 필요로 한다. 하루 적어도 300kcal 정도는 탄수화물로 섭취해야 한다. 뇌는 오로지 포도당만으로 영양을 공급받기 때문이다.

지나치게 절식하여 혈당이 떨어진 상태에 운동까지 심하게 하면, 빈혈로 쓰러지고 말 것이다. 탄수화물은 다이어트를 하든 안 하든, 우리 총 섭취 칼로리의 가장 많은 부분으로 삼아야 한다. 즉, 다이어트와 관계없이 사람들의 주식은 탄수화물로 해야 한다는 것이다.

그러나 지나친 탄수화물의 섭취는 다이어트의 적이다. 그러므로 밥을 줄이려 하지 말고, 과자, 빵 등을 섭취하는 양을 줄이는 것이 방법이다. 흰쌀밥 대신 현미에 보리 등을 섞고, 콩을 넣어서 밥을 지어 먹기를 권한다.

특히, 떡볶이 등 자극적 음식은 절대로 삼가 해야 한다. 같은 칼로리일 때 더 살이 찌는 것은 아니나, 다음 끼니의 조절이 매우 어렵게 만든다. 실제로 비만 환자들을 보면 이런 자극적 식사 후에 다이어트를 포기하는 것을 자주 본다.

박석범 리더스 피부과 원장

Last Diet

2장

엄마들의 다이어트는 따로 있다!

여성의 체지방률은 30대 이후 더 늘어나, 쉽게 살이
찔 수 밖에 없는 몸 구조가 된다고 한다. 젊을 때는 기초대사가 활발해
에너지 소비가 쉬운 반면, 나이가 들면 기초대사가 둔해져
여분의 에너지가 모두 지방으로 축적되기 시작한다는 것이다.
즉, 30대는 20대 때와 똑같이 먹고 활동하더라도
더 살이 찌기 쉽다는 얘기다.

in my Life!

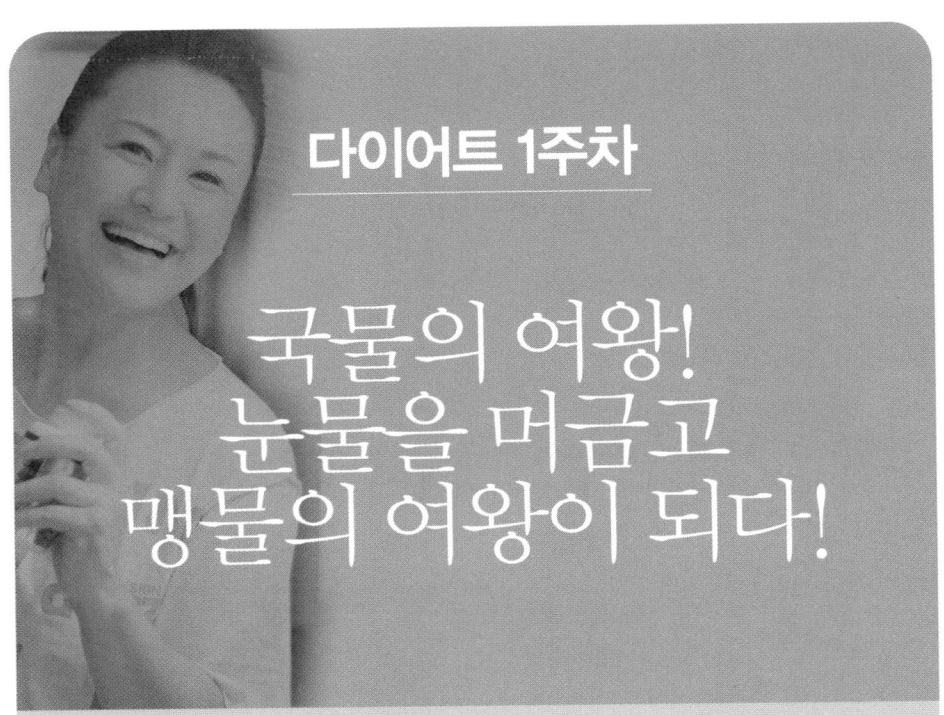

다이어트 1주차

국물의 여왕!
눈물을 머금고
맹물의 여왕이 되다!

1주일간의 목표   몸무게 −0.5kg

실천사항   몸의 건강상태 체크하기, 식습관 바꾸기

1 규칙적인 기상과 적당한 수면

2 식사량 2/3로 줄이기

3 운동은 1주일에 4회, 매 1시간씩 스트레칭

4 물 많이 마시고, 짠 음식 멀리 하기

5 외식할 때, 메뉴 선택에 주의하기

지금 마주한 밥상이 마지막 식사가 아님을 기억하라!

지금부터 내 5주간의 똑똑한 다이어트 정복기를 시간 순서대로 소개한다. 먼저, 다이어트가 시작된 제 1주차, 나는 정확한 몸 상태를 체크하기 위해 병원에 갔다. SBS '김승현 정은아의 좋은 아침'을 통해 나의 다이어트 5주간을 통째로 다큐멘터리로 제작해 방송하기 위해 정확한 몸무게와 건강상태를 먼저 공개해야 했기 때문이다.

그런데, 세상에나! 매니저가 사다 준 중국제 체중계는 내다 버려야 겠다는 생각을 했다. 몸무게 65.4kg. 방송에 공개하기는 너무 많이 나가는 몸무게였다.

체중을 잰 다음 병원에 가서 골밀도 검사도 하고, 스트레스 지수도 체크하고, 온몸의 사이즈도 모두 다시 쟀다. 의사의 진단은 허리가 32인치에 전반적인 몸 상태도 많이 쇠약해져 있는 상태라고 했다. 그리고, 운동 중 반드시 조심해야 할 동작 몇 가지와 비타민제를 처방받았다.

그래, 내 몸을 먼저 알아야 한다. 지금은 부끄러운 현실이지만 이 과정을 통해 뭔가 보여주자. 엄마들이 하는 다이어트는 예쁘게 보이기 위한, 외모 가꾸기만을 위한 다이어트가 아니니 창피해 하지 말자. 그리고 현실 파악을 똑바로 한 다음 시작하는 것이 똑똑한 다이어트의 시작이라고 마음을 굳게 먹었다.

"먼저, 식습관을 바꾸셔야 합니다. 체지방 1kg이 약 7,000kcal거든

요. 1kg의 체지방을 연소시키기 위해 2주일 동안 매일 500kcal씩 덜 먹으면 됩니다. 같은 원리로 1주일에 1kg를 감량하고자 한다면 하루에 1,000kcal씩 줄이면 되는 거죠. 하지만 너무 갑작스럽게 칼로리 섭취를 줄이면 우리 몸이 위기의식을 느껴서 에너지 대사량을 급격하게 줄이게 되니까, 기대하는 만큼의 체중 감량을 얻지 못할 뿐 아니라 건강을 해칠 수 있어요. 처음 시작은 하루 500kcal 정도만 줄이는 게 좋겠습니다. 이건 식이조절만 했을 때의 얘기구요. 운동을 병행한다면 체중감량의 속도는 두 배, 세 배 빨라질 수 있습니다."

복잡한 숫자들이 열거되고, 아무튼, 이제까지 먹던 것보다 3분의 2 정도로 줄여 먹으라는 것과 늘 칼로리를 계산하며 먹는 습관, 그리고, 운동을 일주일에 4번 정도, 1시간씩 하라는 충고만을 기억한 채 나는 병원을 나왔다.

병원에서 시작된 나의 몸무게 촬영분은 그 다음 주 전국 방방곡곡으로 방송됐다. 그리고, 다이어트 시작을 축하하는 전화나 응원의 메시지는 고사하고, 여기저기서 걸려오는 전화 내용은…,

"아니, 그렇게 많이 나갔어? 65kg이 넘네? 어우~ 어디 다 숨기고 다닌 거야? 그 엄청난 살들을?"

"다이어트를 해? 아이고, 언니! 괜한 고생 사서 하지 마시구, 좋은 거나 같이 먹으러 갑시다."

내지는…,

"요요 최단기 달성 이런 거 아니야? 하하하. 아니, 그 나이에 웬 다이어트유? 몸무게는 또 왜 그렇게 많이 나가? 아이고, 남사스러워… 호호!"

나 원, 기가 차지도 않는다. 내 곁에 나의 다이어트를 이리도 저주하는 이들이 많다니, 게다가, 특히 탤런트 오미연은 나에게 평생 해 보지도 않은 운동하다 다친다고 아예 그만 두라고 심각하게 조언하기도 했다.

아니, 나의 다이어트가 이리도 억울한 파장으로 돌아오다니, 다이어트 초반, 나는 나의 다이어트 성공 이전에 요요를 더 기다리는 이 깍쟁이 측근들 보란 듯 열심히 운동하기로 맘먹고 곧바로 마트로 달려가 다이어트 식이요법 준비를 위한 쇼핑을 시작했다.

대형마트에 들어서니 너나 할 것 없이 장 보러 나온 주부들이 내게 한마디 씩 건넸다. 그런데, 반응은 의외였다.

"정말 대단하세요. 꼭 다이어트 성공하세요!"

"다음 방송 언제예요? 살 빠지신 것 같아요…."

"저희 어머니도 다이어트 하셔야 하는데, 방법이 뭐예요?"

그렇다! 시청자들의 반응은 나 박원숙의 다이어트에 이토록 우호적이었으며, 나의 성공을 자신이나 자신의 어머니의 성공처럼 여기며 마음으로 응원해 주고 있었다. 이에 힘을 얻어 기쁘게 장보기를 시작한 나는 평소 손이 가던 음식들에는 아예 눈도 돌리지 못했다. 다이어트를 소문내는 것이 이래서 중요하구나 싶었다. 그리고, 많은 사람들이 다이어트에 좋다고, 이것저것 추천해 주기 시작했다. 그것이 참, 즐거웠다. 오래 간만에 생긴 활기찬 의욕이었다.

즐겁게 장보기를 마치고 집으로 돌아와 냉장고를 여니, 엊그저께 어머니가 지져다 준 녹두전에, 31가지 맛 중에서 내가 제일 좋아하는 맛으로만 골라 사다 놓은 아이스크림 통이 눈에 확 들어왔다. 틈만 나면 사다 얼려놓았던 고기들, 그리고, 달콤한 초콜렛을 바라보며 한참을 버릴까 어쩔까 고민했다.

그러나, 음식이 무슨 죄라고….

'음식 버리면 죄지.' 먹고 싶어서 그러는 건 아니고, 손님도 올 테고, 너무 힘이 빠지면 먹어야 할지도 모른다는 나름대로의 생각을 혼잣말해 가면서 그 날 저녁 내내 냉장고 정리를 했다.

다이어트 첫 주 차에 내가 선택한 식품들은 이렇다. 우선, 다섯 가지 색깔의 과일과 채소! 과일은 색깔마다 서로 다른 영양소를 갖고 있고, 컬러푸드가 몸에 좋다는 정보가 있었던 지라 예쁘게 상차림을 해 먹으라는 의사의 권유에 따라 우선 '오색 생과일과 생채소'를 구비했다. 단출하지만, 늘 화려한 식탁을 선호하던 나에겐 전혀 새로운 방식의 상차림이 아닐 수 없다. 밥을 먹을 때, 마치 '이 식탁이 내 생애 마지막 식사라도 되는 듯' 절대 후회나 아쉬움을 남기지 않고 먹었던 내가, 그랬던 내가 말이다.

"비디오를 제작할 때 찍은 사진이다.
아직 몸은 많이 굳어 있었으나, 서서히 자세가 바르게 변해 가면서
나도 할 수 있다는 자신감이 들기 시작했다."

이 정도의 메뉴로 만족하려 노력하다니…. 나 스스로가 너무나 대견스럽게 느껴졌다. 또 다시마 말린 것과 평소에도 즐겨 먹는 호두 등 견과류를 간식용으로 준비했다. 견과류를 준비할 때 땅콩이나 마카다미아 등 기름기가 많은 것들은 제외하기로 했지만, 내가 워낙 땅콩을 즐기는지라, 너무 먹고 싶은 것을 참지 말라는 의사의 권유에 따라 생땅콩을 쪄서 약간의 소금을 뿌려 준비했다. 이렇게 땅콩을 쪄서 먹으면 기름기가 덜 하고 담백하다. 그리고, 요구르트와 저지방 우유, 고구마 등을 냉장고에 정리해 넣고, 내일 운동에 필요한 준비물을 챙겼다.

나는 아침잠이 많은데, 강남으로 운동을 가야 하기 때문에 지금 사는 일산에서 늦어도 11시에는 나서야 하니 빨리 자야겠다고 잠을 재촉했다. 사실, 이것 또한 확연히 달라진 나의 생활 태도 중의 하나다. 나는 늦게 자고 늦게 일어나는 버릇이 있고, 몰아서 일하고, 몰아서 자는 그야말로 '미인의 잠 습관' 과는 거리가 먼 사람이었다.

그러나, 다이어트 기간 중 적당한 수면은 상당히 중요하다. 규칙적인 생활 습관의 기준이 될 수 있기 때문이다. 처음에는 일찍 자고 일찍 일어나라는 말에 무조건 힘들게 따라했는데, 다이어트를 지속하면서 자연스럽게 모든 생활 패턴이 규칙적인 취침 습관을 중심으로 정리되어 갔다.

직업으로 인해 불규칙적인 생활 패턴이 평생 습관이 되어 버린 나에게 있어서 이것은 꽤 좋은 소득이었다. 매일 운동을 해 감에 따라 운동으로 인해 숙면을 취할 수 있던 점도 좋았지만, 잠의 변화는 나의 변화에 튼튼한 밑거름이 되어 주었다. 다이어트도 다이어트지만 중년 이후 생긴 나쁜 취침 습관이 고쳐져 건강해질 것 같은 자신감이 조금씩 생기기 시작했다.

Diet Advice

배부르면 살찔까봐 소화가 다 될 때까지는 절대 안 잔다?

저녁 늦게 과식을 했을 때 많은 사람들은 소화가 될 때까지 졸린 잠을 참아가며 TV 앞에 앉아 버티곤 한다. 살이 찌지 않게 하려고 말이다. 물론, 소화가 다 된 후에 잠을 자야 살이 찌지 않는다는 것은 맞는 말이다. 하지만, 몇 시에 잠들어 몇 시간 동안 자느냐가 중요하다. 예를 들면 밤 11시에 밥을 먹고 새벽 3시쯤 소화가 다 된 뒤 '이제 절대 살찌지 않을 거야' 안심하고 잠든다면, 이 경우 충분한 수면을 취할 수 없었기 때문에 도리어 몸이 붓고, 이 부기가 살이 찌는 원인이 된다.

몸이 부으면 혈액순환이 안 되기 때문에 지방 세포에서 체지방이 잘 빠져 나오지 못하게 되는데, 그 지방은 빠져 나오지 못하고 쌓여 결국 운동을 해도 쉽게 빠지지 않는다는, 그 악명 높은 셀룰라이트(굳은 지방)가 만들어지는 것이다.

따라서 해결책을 말하자면, 저녁을 일찍 먹어야 한다는 것이다. 우리 몸에서 음식이 소화되는 시간은 최소 3시간이므로 7시 이전에 먹으면 잠을 잘 수 있는 시간은 자연스럽게 11시 경이 된다. 소화가 다 된 후 잠들어야 살찌지 않음을 명심하고 오늘부터 빨리 저녁을 챙겨먹는 습관을 들이고, 충분한 수면을 취하자.

또한, 많은 사람들이 잠을 못 자면 살이 빠진다고 알고 있다. 물론, 밥을 먹지 않고 잠을 못 자면 당연히 살이 빠진다. 하지만 먹을 것 다 먹고 잠을 못 자면 도리어 살이 찐다. 잠을 못 자 피곤하면 신진대사 능력과 장기 기능이 떨어져 기초대사량이 낮아지고, 기초적인 생체순환을 위한 칼로리 소비율이 평소보다 60~70% 낮아져 살이 찐다.

또한 피곤함으로 인해 스트레스 호르몬이 증가하는데, 이 호르몬 역시 지방을 축적하는 역할을 한다. 그래서 스트레스살이라는 말들을 하는 것이다. 살을 빼려면 자신의 취침 패턴부터 체크하라!

저녁을 굶어도 살이 찌는 이유는?

전문가들의 철벽같은 조언이 있었건만, 내가 다이어트 초반기 실수한 식이요법 패턴은 하루에 두끼만 먹기 위해 점심을 4시쯤 든든히 먹고 저녁 내내 버틴 미련한 일이었다.

사실, 이런 식습관 패턴은 알고 보니 살이 찌는 가장 좋은 방법이었다. 칼로리가 같아도 여러 번 나눠 먹어야 칼로리 소모량이 많아지고, 먹는 것 자체가 칼로리를 소모시키기 때문이다.

또한 한 끼를 굶는 사람은 앞으로 굶을 것이라는 생각 때문에 굶기 전 더 많이 먹고 덜 움직이는 경향이 있다. 반대로 조금씩 여러 번 나눠 먹는 사람은 '나는 많이 먹었다'는 느낌 때문에 일부러 더 많이 움직이려는 심리 상태가 작용한다고 한다.

실제로 그렇다. 이제부터라도, 하루에 두 끼만 먹기 위해 점심을 4시쯤 잔뜩 먹고 저녁 내내 힘이 없다고 누워서 버티는 일은 절대 없어야 할 것이다. 가볍게라도 저녁은 꼭 챙겨 먹어야 한다.

내게 있어서 살이 찌는 나쁜 버릇이나 잘못된 다이어트 방법은 이렇게 수시로 고개를 쳐들고 나타나곤 했다. 평생 실수를 했으니 쉽게 고쳐질 수 없을 테지만, 1장에서도 언급한 것처럼 '내 맘대로 다이어트'는 정말 위험하다! 꼭, 정도를 지키자! 잘못된 길은 이제 다신 쳐다도 보지 말자구요~.

열량 높은 음식… 미안하다, 먹고 싶다!

성격이 급하고, 식사를 빨리 때우기 일쑤인 나는 고기 없으면 밥을 못 먹겠다는 거의 육식 애호가에 가깝고, 빵 배와 밥 배가 따로인 양식 애호가다.

피자, 프라이드 치킨…. 너무나 사랑스럽고 감칠 맛 나는 나의 사랑스런 이 간식들을 포기해야 한다는 점 때문에 나는 생활 속 큰 즐거움 하나를 잃게 돼 깊은 아쉬움이 며칠간이나 지속됐다.

그리고, 얼만 안 돼, 손녀 혜린이를 만나 결국엔 패밀리 레스토랑에서 나도 모르게 피자와 스파게티를 먹고 말았다. 이렇게 나 같이 양식을 좋아하는 사람들은 대부분 비만인 경우가 많고, 정상체중에 속한다고 하더라도 체지방률이 높은 경우가 많다.

그리고, 그런 사람들은 철분, 미네랄, 비타민 등 미량 영양소의 결핍이 많다. 살은 살 대로 쪘으면서 영양 결핍이라니…. 여러 모로 몸에 좋지 않은 양식을 좋아하는 식습관! 하지만, 양식으로도 다이어트를 할 수 있다. 자신이 좋아하는 양식 메뉴로 다이어트를 했더라도, 내가 사랑하고 좋아하는 빵, 고기를 먹으며 날씬해질 수도 있다. 조리시간도 줄이고 간편하게 다이어트하는 방법이 있기 때문이다. 하지만, 양식을 무조건 먹어댔다가는 다이어트고 뭐고 표준 체중을 유지하기도 힘들다.

예를 들어 다이어트 기간 중, 패스트푸드점에서 식사를 해야 한다면,

햄버거 패티는 구운 것으로 그리고 라이스버거나 새우버거, 치킨버거 (구운 치킨 패티)를 선택한다. 햄버거와 프라이드 포테이토, 너겟, 샐러드 등은 곁들여 먹지 않는다. 비스켓이나 프라이드 치킨은 되도록 먹지 않는다. 치킨은 매운 맛보다는 고소한 맛을 선택하는 것이 좋다. 또한, 음료는 콜라 대신 우유나 주스 또는 블랙커피를 선택하는 것이 현명하다.

피자를 먹고 말았던 그날 저녁에도 사실 나는 다이어트의 고삐를 아예 놓지는 않았었다. 기름기 없이 구워낸 피자를 선택했고, 샐러드의 소스는 그 좋아했던 허니 머스터드 소스 대신 오리엔탈 간장 소스를 선택했다. 양식에 있어 소스는 다이어트에 정말 중요한 포인트다. 생야채를 많이 먹게 되는 다이어트 기간 중, 이 소스에 관한 비법을 어디서나 잘 활용해보기 바란다.

샐러드에 곁들이는 소스는 절대! 미리 뿌리지 말아야 한다!

적은 양을 따로 달라고 주문해 살짝 찍어 먹는 정도로만 즐겨야 한다. 그렇다! 소스는 절대, 뿌리지 말고 찍어 먹어라! 그리고, 덤으로 주기도 하는 사이드 메뉴인 빵과 스프는 아쉽더라도 적당히 남기도록 하고 스프는 야채스프를 먹도록 한다.

또한 빵은 잼과 버터를 절대 곁들이지 말고, 통밀빵이나 호밀빵 등 거친 검은 빵 종류를 먹고, 준비돼 있지 않다면, 가급적이면 빵은 먹지 않는 것이 좋다. 이렇게, 주식에서도, 간식에서도, 음료수에서도 정말 양식을 먹을 수밖에 없다면, 다이어트를 위해서 조금이라도 노력했다는 증거를 스스로에게 보여야 한다고 생각한다.

다이어트를 시작하면서, 전문 트레이너들에게 정보를 얻은 것으로 어쩔 수 없이 먹어야 한다면 차라리 선택해야 할 메뉴를 여러분에게 살짝 공개하도 록 하겠다.

우선, 분식의 대명사인 '칼국수'. 국물이 시원하고 쫄깃한 면발이 예술이지만, 칼국수 보다는 만두국을 선택하라고 권하고 싶다. 칼국수는 열량이 475kcal, 만두국은 384kcal로 무려 100kcal나 차이가 난다. 대부분의 사람들이 칼국수를 먹을 때는 국물까지 거의 먹게 되지만 일반적으로 만두국은 만두만 건져먹고 국물을 남기는 경우가 많기 때문에 국물도 자연스럽게 덜 먹게 돼 다이어트에 좀 더 유리하다는 것이다.

그리고, 부대찌개 집에 가면, 골라야만 하는 사리 이야기를 해보겠다. 라면사리, 국수사리, 오뎅사리 등 많은 종류의 사리가 있다. 평소라면 라면사리를 당연히 골랐을 테지만, 다이어트 기간 중에는 과감히 국수사리를 선택해보자.

라면사리는 387kcal, 국수사리는 200kcal로 무려 180kcal나 차이가 난다. 그러므로 당연히, 앞으로는 찌개나 떡볶이에 넣는 사리를 고른다면 당면사리나 국수사리를 선택해 먹도록 하자.

또 한 가지! 유부초밥과 김초밥 사이에서의 갈등이다. 유부초밥은 1인분이 500kcal, 김초밥은 360kcal로 140kcal 차이가 난다. 유부초밥이 양은 적어보이지만, 기름에 튀기고 조린 유부의 기본적인 칼로리 때문

에 문제가 된다. 이제부터 다이어트 하는 우리는 야채가 골고루 있는 김초밥을 선택하기로 하자! 아자, 아자, 파이팅!

그리고, 선물용으로도 많은 사람들이 선호하는 케이크의 종류도 다시 한 번 짚고 넘어가 보겠다. 결론은 파운드 케이크보다는 카스테라를 선택하라는 것이다. 빵은 무거울수록 칼로리가 높다고 생각하면 거의 맞다.

파운드 케이크는 500kcal, 카스테라는 300kcal로 칼로리 차이가 상당하다. 왜냐하면, 카스테라는 달걀을 주원료로 만들지만, 파운드 케이크는 버터와 설탕이 주원료이기 때문이다.

어쩔 수 없이 먹어야 한다면?!
칼국수 → 만두국
부대찌개 라면 → 국수 사리
유부초밥 → 김초밥
파운드 케이크 → 카스테라

외식시 우리가 기억해야 할 음식 칼로리

한 식		
음식명	1회섭취량	열량(kcal)
갈비탕	갈비 1대 + 밥 1공기	580
갈비구이	1인분(250g)	550
김치찌개	400g + 밥 1공기	450
물냉면	냉면사리 300g	450
비빔냉면	냉면사리 300g	500
된장찌개	뚝배기(소) + 밥 1공기	390
불고기	1인분(250g)	300
비빔밥	1인분	580
삼계탕	영계 1마리 + 찹쌀30g	800
설렁탕	고기 50g + 밥 1공기	460
순두부 백반	뚝배기(소) + 밥 1공기	580
육개장	고기 50g + 밥 1공기	490
전복죽	1대접	290
일 식		
대구 매운탕	뚝배기(대) + 밥 1공기	510
메밀국수	면 350g	450
생선초밥	1인분(10개)	340
유부초밥	1인분(10개)	500
김초밥	1줄	360
회덮밥	1인분	520

양 식		
돈까스	1인분(빵, 스프 포함)	980
안심 스테이크	1인분(빵, 스프 포함)	860
생선가스	1인분(빵, 스프 포함)	880
햄버그 스테이크	1인분(빵, 스프 포함)	900
김치 볶음밥	1인분(400g)	610
오므라이스	1인분(400g)	680
카레라이스	1인분	600
중 식		
자장면	1인분	660
짬뽕	1인분	540
볶음밥	1인분	720
탕수육	1접시(직경 29cm)	1780
패스트푸드		
라면	1개	500
컵라면	1개	300
피자	레귤러 1판	1120
햄버거	1개	330
켄터키 프라이드 치킨	1쪽(70g)	210
분 식		
돌냄비 우동	1인분	550
칼국수	1인분	460
고기만두	1인분(800g)	340
사골 만두국	1인분	420

음료수		
음식명	1회섭취량	열량(kcal)
콜라	1캔(250ml)	100
라이트 콜라	1캔(250ml)	30
사이다	1캔(250ml)	100
미에로 화이바	1캔(250ml)	50
게토레이	1캔(250ml)	80
우유	1캔(250ml)	125
두유	1캔(200ml)	125
요플레	1개(110g)	120
한국야쿠르트	1캔(65ml)	80
빵류/과자류		
소보로빵	1개(60g)	200
도우넛	1개(60g)	250
파운드 케이크	1쪽(70g)	230
애플파이	1쪽(90g)	295
아이스크림	1개(60g)	100
초콜릿	1개(30g)	150
사탕	6개(30g)	110
초코 빼빼로	1봉지(40g)	175
에이스	1봉지(154g)	810
양파링	1봉지(95g)	470
새우깡	1봉지(85g)	440
초코파이	1봉지(38g)	160

진한 국물을 좋아하는 식습관을 바꿔라

다이어트를 시작한 첫 주, 나는 틈만 나면 인터넷을 뒤져 다이어트에 좋은 음식들 정보를 찾아 여러 사이트를 뒤졌다. 거기엔 엄청난 몸무게를 감량한 주부들의 다이어트 일기도 있었고, 다양한 원 푸드 다이어트 식단도 즐비했다.

그러나, 그 정보들은 모두 살을 왕창 빼준다는 보조식품 광고로 이어져 있었고, 이제까지 나를 속여 온 심장을 두근거리게 만들고 입을 깔깔하게 만들었던 그 살 빠진다는 약들에 대한 허망한 기억들을 되뇌이게 했다. 날씬하고 예뻐지겠다고 일찌감치 각종 다이어트 약을 비롯해 얼굴에 보톡스도 맞아보고, 이마에는 필러도 넣어보고, 안 해본 일이 없는 내가 얻은 건 결국 상처뿐이었다.

모든 것은 일시적일 뿐이었고 몸에 좋은 것들은 별로 없었다. 잘못된 다이어트 정보가 그득한 인터넷 바다에서 내가 꼭 증인으로 보여 주리라. 잠깐의 반짝효과에 큰 돈과 시간 낭비로 마음 고생하는 이들을 없애기 위해….

나는 우선, 의사와 트레이너들이 말한 대로 진한 국물을 좋아하는 음식 습관을 바꾸기로 했다.

사실 곰탕, 설렁탕, 라면국물, 냉면육수 등은 생각만 해도 걸죽한 그 맛이 환상이다. 그러나 **짠 국물은 신진대사에도 안 좋고, 내 몸 안에 수**

분을 축적시킨다는 말에 나는 과감히 국물의 여왕 자리를 내 놓고, 맹물의 여왕이 되기로 한 것이다.

하지만 이와 함께 하루 2리터의 물을 마시라는 건 내게 곤욕이었다. 물고문이 따로 없었다. 녹차와 블랙커피도 줄이고, 그저 맹물만을 마셔야 했다. '뭔 맛으로 그걸 마시나. 차라리 안 마시고 말지.'

하지만, 내 다이어트 성공 비결 중의 하나는 바로 이 물을 제대로 많이 마신 '맹물의 여왕 등극'이 큰 역할을 했다. 그러나, 그런 피나는 노력에도 불구하고, 나는 다이어트 1주차에 0.5kg 밖에 감량하지 못했다.

짜게 먹는 것이 기름진 음식보다 더 안 좋다!

음식을 짜게 먹을 경우, 수분의 배출이 힘들어져 몸이 잘 붓는 현상이 나타난다. 흔히들 저녁 때 손발이 붓거나 아침에 일어나면 얼굴이 터질 듯이 퉁퉁 붓는 경우가 많다. 내가 자주 그런 편인데, 짜게 먹던 사람이 싱겁게 먹어 염분을 최대한 줄이면 2~4kg은 체중을 감량할 수 있다고 한다.

한국인의 경우 음식물을 통해 섭취되는 소금이 예상 외로 많다. 특히 국이나 찌게를 통해 섭취하는 소금의 양이 많아서 국, 찌개 문화에 익숙해 있는 나로서는 난감한 일이 아닐 수 없었다. 짜게 먹는 습관을 교정하기 위해서는 무엇보다 물을 많이 마시는 훈련이 가장 필요했다.

물은 아침저녁 가리지 않고 습관적으로 조금씩 마시는 것이 좋지만, 식전이나 식사 도중에는 물은 적게 마시는 것이 좋다. 특히, 식사 20분 전부터 식후 1시간 정도는 물 마시는 것을 줄이는 것이 다이어트에 도움이 된다.

1주일에 한 번은 맘껏 포식하면서 살 뺄 수 있다!

나에게 웨이트 트레이닝을 가르치고 있는 정지원 코치가 내게 운동 시작 전 솔깃한 이야기를 하나 했다. 1주일에 한 번은 맘껏 포식하면서 원하는 만큼 체중 감량이 가능하니 먹는 것에 대해 너무 부담을 갖지 말라는 말이었다.

'실컷 먹으면서 살을 뺄 수 있다고?' 그때는 그 말을 다이어트를 하느라 위축된 나를 응원하기 위한 하나의 방편쯤으로 생각했었는데, 실제로 1주일에 한 번 우리는 운동 후 맘껏 포식하는 시간을 가졌다. 포식이라고 하면, 예전에는 삼겹살에 김치찌개 뚝배기를 먹거나, A코스와 B코스 중 뭘 먹어야 하나 행복한 고민을 하는 정식 코스 요리를 떠올리기 쉽겠지만, 포식도 포식 나름이라 다이어트용 포식 종목을 정하는 데는 엄격한 기준이 있었다!

포만감 높으면서 칼로리 낮은 음식 골라 먹기

그것은 조금만 먹어도 배불러 저절로 소식할 수 있는 음식들을 골라 맘껏 먹는 것이다. 포식을 하기로 한 날, 일단 우리는 한국 토종 음식점으로 향했다. 같은 음식 재료를 이용하더라도 한국 음식이 외국 음식보다 포만감 지수가 높고, 생선류가 육류보다 더 높다. 또한 대부분의 과일과 야채도 포만감 지수가 높은데, <u>특히 김치류는 포만감 지수가 5로 최고치다.</u> 맘껏 먹는다면 김치를 선택해 먹어보는 것도 좋을 것이다.

그러나 라면 등 인스턴트 음식과 기름기가 많은 중국 음식, 떡볶이나 김밥 같은 분식은 열량이 엄청나게 높지만, 포만감 지수가 낮아 실컷 먹

	맘껏 먹기 좋은 음식 (포만감 지수/칼로리)		맘껏 먹기 나쁜 음식 (포만감 지수/칼로리)	
밥·죽·국수	율무죽 흰죽	(3.6/43.9) (2.9/64.8)	김밥 자장면 라면 호박죽	(1.7/232.1) (1.9/188.3) (1.8/309.8) (1.8/309.6)
국·찌개	김칫국 참치김치찌개	(4.5/32.2) (3.5/55.4)	미역국 갈비탕 떡국 곱창전골	(2.2/262) (2.5/322.3) (1.9/430.4) (2.1/197.3)
육류	구운 닭 가슴살	(3.3/163.4)	돼지 삼겹살 구이 돼지 갈비 구이	(2/336) (2.4/333.63)

기에 부적합한 음식으로 분류할 수 있다. 즉, 포만감 지수가 높은 음식들은 포만감 지수가 낮은 음식보다 칼로리가 월등하게 낮다.

야채류 중 포만감 지수가 가장 높은 영광의 1위는 '날배추'이다. 날배추는 100g당 12kcal에 불과한 저칼로리 식품이다. 나는 평소 날배추를 얼음물에 담가 아삭아삭하게 신선도를 유지해서 생청국장에 찍어 먹는다.

맛도 고소하고 물리지도 않아 맘껏 먹기에는 이보다 더 좋은 게 없다. 포만감 지수가 가장 낮은 '다시마 튀각'은 같은 양의 날배추보다 칼로리가 40배 이상 높다. 즉, 튀긴 다시마는 절대 위험식품이라고 할 수 있다.

탤런트 박원숙 따라하기 다이어트 1주차 5계명

1. 식구들의 남은 음식 처리반이 되지 말자!
2. 평소보다 의식적으로 물을 많이 마시자.
3. 가족들과 상관없이, 매일 같은 시간에 규칙적으로 잠자리에 들자.
4. 메디컬 피트니스 1주차 운동 동작으로 몸을 유연하게 만든다.
5. 가족들에게 엄마의 건강을 위해 다이어트를 돕도록 부탁한다.

살찌는 물 vs 살 빠지는 물 마시는 방법

1. 살찌는 물 - 식사 중에 물 마시면 살찐다!

식사 중에 물을 많이 마시는 사람은 그렇지 않은 사람에 비해 비만한 경우가 많다. 신기한 일이 아닐 수 없다. 물은 칼로리가 없다는데 왜 살이 찌는 걸까? 정답은 혈당 때문이다. 음식물을 먹으면 자연적으로 혈당치가 올라가고 올라간 혈당치를 내리기 위해 인슐린이 분비된다.

문제는 인슐린 때문이다. 인슐린은 기준치가 넘는 혈당을 모두 지방으로 바꾸어 버리는 무시무시한 존재다. 여기에 물은 한술 더 떠 혈당치를 급격히 상승하게 만들어 그만큼 많은 지방을 합성하게 하는 역할을 한다.

그러니 혈당의 상승속도는 비만과 관련하여 매우 중요한 문제라고 할 수 있다.

음식물을 섭취해도 혈당이 기준치 이상으로만 올라가지 않으면 지방 합성이 이루어지지 않기 때문이다. 한마디로 식사 직전이나 후, 또는 식사 중에 물을 삼가면 혈당의 상승을 억제해 다이어트에 도움이 된다.

2. 살 빠지는 물 – 공복 시 물 마시면 살 빠진다!

동의보감에 보면 같은 물이라도 명칭이 수십 가지가 된다고 하는데 이는 어디에 있는 어떤 물이냐에 따라 물도 하나의 에너지로 다른 약리작용을 하고 있다는 뜻이다. 물론 물은 에너지가 없다. 하지만 물이 인체로 들어오게 되면 우리 몸은 물을 처리하기 위해 상당량의 활동을 하게 되고 이때 에너지 소모도 일어나게 된다. 단, 공복 시!

공복 시에 마시는 물 즉, 음식이나 알코올이 섞이지 않은 물은 대부분 장에서 흡수되어 필요한 곳에 쓰이게 된다. 이 과정에서 인체는 몸의 일정한 수분비율을 유지하기 위해 많은 양의 물에 반응하여 다시 배설시키는 일을 하는데, 이때 많은 에너지가 소모된다. 갈증을 느낄 때보다는 갈증이 없을 때 마시는 것이 좋다. 마시는 물의 양은 최소 1.5리터 이상이어야 한다. 식전 30분에서 식후 1시간까지는 물을 가급적 적게 먹거나 마시지 않는다.

여 에스더 에스더 클리닉 원장

Medical Fitness

다이어트 1주차 운동

1 전신 관절 스트레칭 : 매일, 3회씩

전신 스트레칭으로 몸을 늘여주는 운동으로 전신의 혈액순환에 좋고 등과 뱃살을 제거한다.

1 누운 상태에서 팔다리를 '대(大)' 자로 쭉 편다. 수건을 동그랗게 둘둘 만 뒤 양손으로 수건의 양끝을 잡고 머리 위로 쭉 뻗는다.

2 깊게 숨을 들이 마시면서 발끝과 팔 끝을 누가 끌어당긴다는 느낌으로 쭉 편다.

3 요추(등 밑) 부분을 누르면서 숨을 깊이 내쉰다.

2 전신 스트레칭 등살 제거 운동 : 매일, 3회씩

살을 빼는 데 효과적인 운동으로 특히 팔과 하체 슬리밍 효과가 뛰어나다.

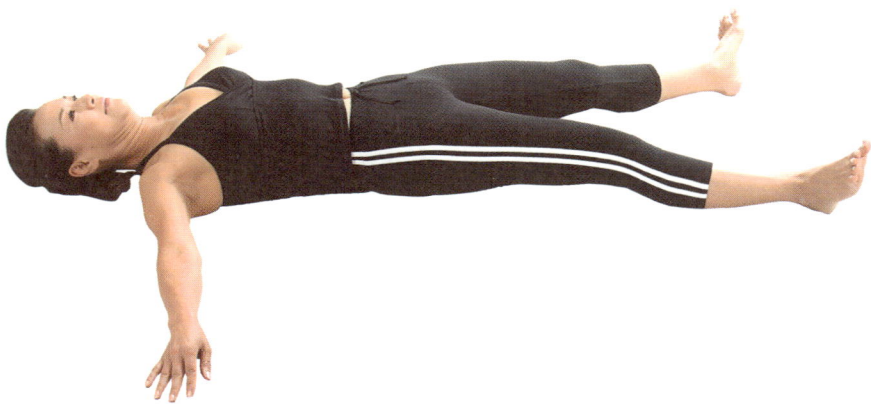

1 큰 '大' 자로 누워 바닥을 밀듯이 양팔과 다리를 최대한 쭉 편다.

126

1단계로 우리 몸이 운동할 준비를 갖추는 시기다. 전반적으로 관절과 허리에 무리를 주지 않으면서 관절과 척추, 전신 유연성을 길러줘 운동 효과를 몸이 받아들일 준비를 시키는 과정에서 필요한 스트레칭 위주의 동작이다.

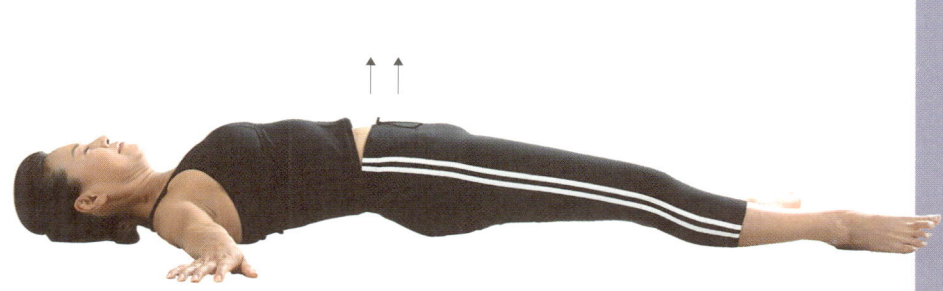

2 내 가슴을 위에서 누군가가 잡아당긴다는 기분으로 서서히 들어 올린다. 이때 팔다리의 힘을 빼고, 머리로 바닥을 밀어 올려 상체가 들리지 않도록 머리를 바닥에 붙인다.

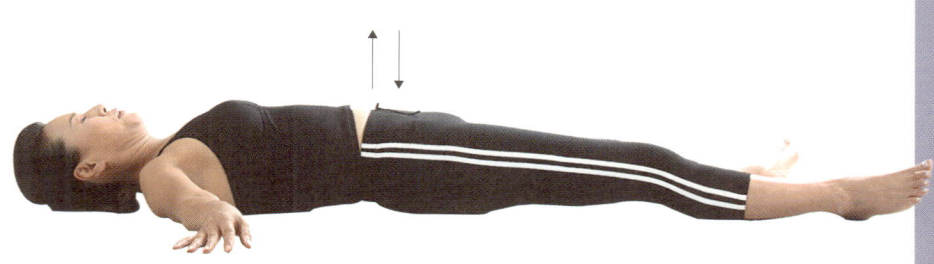

3 ①과 ②의 동작을 몇 번 반복한다. 동작이 끝난 뒤 몸에 무리가 가지 않도록 온몸을 웅크린 자세로 이완 운동을 한다.

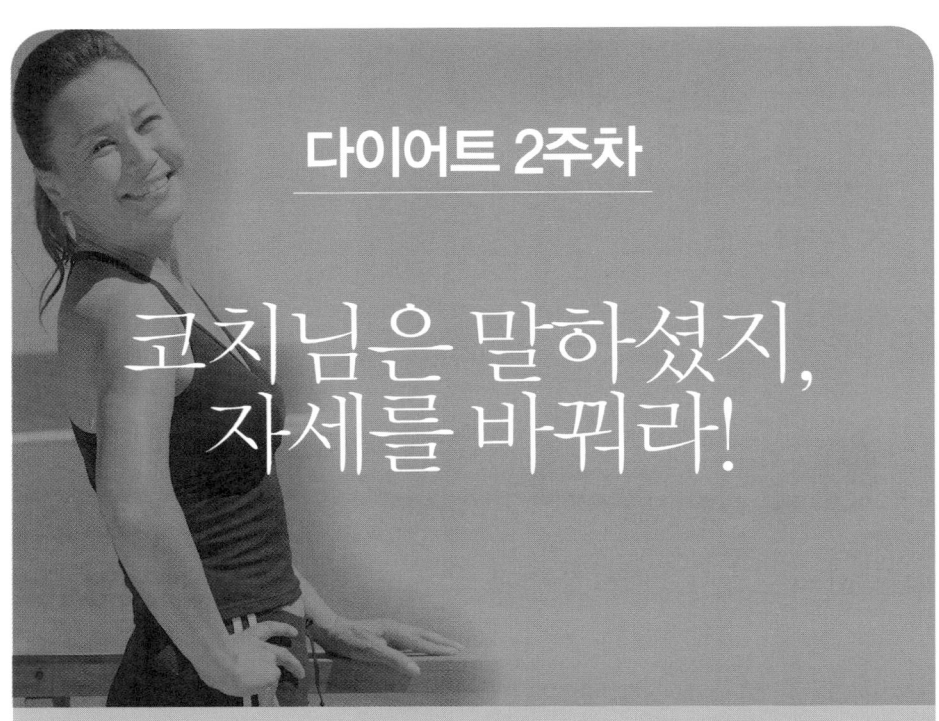

다이어트 2주차

코치님은 말하셨지, 자세를 바꿔라!

1주일간의 목표 **몸무게 −2kg**

실천사항 **자세 바꾸기, 규칙적인 운동 습관 익히기**

1 바르게 누워 자기

2 식사량 2/3로 계속 유지하기

3 운동은 1주일에 4회, 매 1시간씩(스트레칭) 계속 유지하기

4 지속적인 운동을 통해 몸이 좋아지는 변화 느끼기

5 운동시간 빼먹지 않기

자세만 바꿨을 뿐인데, 2kg이 빠졌다!

나는 1주일에 4회 정도는 정지원 코치와 웨이트 트레이닝과 유산소 운동을 하고, 2회는 박기연 코치와 만나 필라테스를 했다. 정 코치는 추나요법으로 강남에서 제일 유명한 병원의 운동치료사로, 내 아픈 무릎과 관절에 무리가 가지 않도록 운동을 짧게 여러 번 반복하게 했다. 그리고 발레를 전공한 박 코치는 우아한 자세 교정을 통해 보디라인을 바꿔주기 위한 강도 높은 훈련을 시켰다.

박 코치가 자신 있게 전수하고 있는 자세 교정 훈련의 기본은, 바른 척추와 깊은 호흡, 호흡과 동시에 괄약근 운동을 하는, 말로 풀자면 복잡하기 그지없는 동작들이다. 하지만, "복근에 힘주고 괄약근 조이세요. 턱은 가슴 바라보고 어깨를 내리세요!"라고 부르짖는 박 코치의 구령은 꿈에서도 쩌렁쩌렁 울릴 것 같이 내 뼈 속 깊은 곳까지 익숙해져 가고 있었다.

자세 교정은 다이어트에 가장 중요한 운동 포인트

자세 교정 훈련을 통해 다이어트 2주차에 들어서자 나는 실제로 아침이면 퉁퉁 붓던 부종이 완화되었고, 척추가 펴지고 어깨에 힘을 빼는 자세를 몸에 익숙하게 유지하면서 마른 기침이 나던 것도 많이 호전됨을 느꼈다. 바르고 곧은 자세는 쉽게 빠지지 않는 체지방을 없애주며 몸의 라인이 살아나게 해준다. 적게 먹고 많이 운동하는 것도 중요하지만 자세 교정만으로도 충분히 아름다운 몸매를 만들 수 있다니, 좀 게으른 다이어트 마니아들을 위해 적극 권하고 싶다.

평소 앉아 있을 때도 허리를 곧게 펴고 턱을 당겨야 한다. 이때는 방석이나 좀 푹신한 담요 등을 깔아줘 허리와 의자 사이의 마찰이 최소화 되도록 하는 것이 좋다. 그리고 장시간 앉아 있을 경우에는 틈틈이 어깨를 내린 상태에서 고개를 젖혀 목덜미와 어깨 근육의 긴장을 풀어주면 스트레스 해소에도 좋고 기본 자세 교정에도 좋다.

바르게 누워 자면 살이 빠진다

잠잘 때도 바른 자세를 유지하는 것이 좋은데, 옆으로 누워 새우잠을 자는 것, 배를 깔고 엎드려 자는 것, 베개를 높게 베어 목덜미 근육에 무리를 주는 것은 혈액순환이 원활하지 못하게 하기 때문에 칼로리 소모가 떨어진다고 한다. 따라서 잠잘 때는 가능하면 반듯하게 눕도록 하고, 다리를 나란히 쭉 뻗고 등뼈를 똑바로 하며 엉덩이는 꽉 죄는 느낌으로 압박하는 것이 좋다.

손은 힘을 빼고 배 위에 얹거나 몸 양옆으로 두는 것이 잠잘 때의 바른 자세라고 한다. 잠잘 때 자세 교정에서 중요한 또 한 가지는 다리의 위치다. 흔히 편하게 누우라고 하면, 대부분의 사람들은 양발이 서로 다른 각도로 기울어져 있다. 나 같은 경우는 몸의 힘을 빼고 자연스럽게 누우면, 오른발은 바닥에 닿게 완전히 옆으로 눕고, 왼쪽 발은 거의 꼿꼿이 바로 선 상태가 된다.

이것은 고관절이 틀어져 있거나 몸이 이미 비대칭으로 변형되어 있는 경우라고 한다. 일부러라도 발을 똑바로 하고 누우려고 노력해야 한다. 바르게 누운 이런 자세가 다이어트의 기본이 됨을 꼭 기억하고 자신의 누운 자세를 살펴보기 바란다.

걸을 때도 마찬가지! 팔자로 걷거나 안짱다리로 걸으면 뱃살이 쉽게 생긴다. 걸을 땐 일자로 곧게 걸어야 뱃살을 방지할 수 있다. 똑바로 걷는 것에 익숙해지지 않아 2주 차 운동을 할 때, 나는 트레이너들로부터 자주 지적을 받았다.

운동 중간 중간 몸이 풀리면서 꾸부정하게 걷는 습관이 무의식적으로 나왔기 때문이다. 그래서 나는 일상생활에서도 꾸준히 자세 교정 훈련을 할 수 있도록 나와 가장 오랜 시간 일거수 일투족을 함께하는 매니저에게도 알려줘 훈련시키면서 서로 자세를 감시해주는 것으로 습관 들이기에 주력했다.

얼마 지나지 않아, 매니저는 로봇이 되어버렸다. 턱을 끌어당기고 어깨를 내린 상태로 척추를 펴고 운전하려니 로봇이 따로 없었다. 그 모습이 너무도 우스웠다. 하지만 매니저가 이렇게 동참해준 것이 얼마나 고마운지 모른다. 매니저는 힘들게 다이어트를 하는 동안 나를 무조건 응원하고 함께해 준 든든한 동지였다. 그런 동지의 중요성을 새삼 깨달았다.

"중년 이후에는 자세가 많이 나빠진 것을 모든 여성들이 잘
알고 있다. 척추를 곧게 펴 자세만 교정해도 건강해짐은 물론
예쁜 보디라인을 얻을 수 있다"

유연성 제로, 저주받은 관절에서 벗어나다

나는 이번에 운동을 하면서 내가 운동에 꽤 소질이 있다는 사실을 처음 깨달았다. 박 코치 말로는 집중력이 좋아서 동작을 잘 소화한다고 했다. 내가 잘하고 있다니 기뻤다. 난생 처음 해보는 동작들이 많았고, 처음 보는 동작들이 태반이었는지라 늘 호기심을 느끼면서 운동할 수 있었다.

그러던 어느 날, 앉은 자세에서 허리를 구부려 손이 발에 닿는 순간, 나의 달라진 유연성에 놀라 환호성을 질러버렸다.

"어머나, 나 손이 닿아. 발에 손이 닿아!"

운동을 시작한지 8일 만의 일이다. 이런 유연성이 내 몸에 숨어 있었다니 놀라지 않을 수 없었다.

사실, 나는 그동안 이런 간단한 자세조차도 할 수 없는 유연성 제로의 아줌마라고 생각했다. '저주 받은 관절'이라는 말이 있다. 이전까지는 그게 바로 내 얘기였다. 몸을 바로 펴고 턱을 당기고 배를 위로 끌어 올려 앉는 자세는 내 뻐근했던 허리와 척추를 펴줘 그것만으로도 시원한 마사지 효과를 줬다.

그런데 이제는 이런 자세가 자연스러워지면서 바닥에 앉더라도 허리를 곧게 펴는 습관이 생각보다 빨리 몸에 익숙해졌다. 신기한 일이었다.

내 사랑하는 사우나와 싱거운 이별을 하다

신기한 몸의 변화는 이뿐만이 아니었다. 평소 시간만 나면 달려가던 경락 마사지실, 마사지 숍, 찜질방에 가기가 싫어졌다. 가만히 누워 남의 손에 내 몸을 맡기고 아픔을 참아가며 '몸이 풀린다. 피로가 풀린다. 살이 빠진다'라고 나 스스로를 세뇌시켰던 그 모든 것들보다 <u>운동을 통해 얻은 통증 완화의 경험은 앞으로도 내가 운동을 계속할 수밖에 없는 중요한 이유가 되었다.</u>

내가 이제까지 그렇게 죽기 살기로 틈만 나면 뛰어갔던 사우나에서 흘린 땀이 다이어트에는 전혀 효과가 없었다는 것을 직접 체감하는 순간이었다. 내 일생일대에 반려자처럼 여기고 사랑했던 사우나와 이렇게 싱거운 이별을 하게 되리라고는 정말 예상치 못했다.

여기서 한 가지 중요한 점을 알려드리자면, <u>비만한 사람이 사우나에서 무리해 가며 땀을 많이 빼서 피로하게 되면 체내의 열량소모 능력이 떨어져 도리어 체중이 증가할 수도 있다.</u> 이 얼마나 충격적인 사실이란 말인가!

이전의 나를 비롯한 찜질방 다이어트 마니아 여러분! 지금, 당장 찜질방에서 나와 시원한 바깥 공기를 쐬며, 10분이라도 걸어 보도록 하자. 앞에서 말한 바른 자세로 말이다.

비너스의 탄생을 예고하다

다이어트 2주차 동안 열심히 운동을 하면서 식이요법도 차츰 적응이 되어갔다. 드디어 2주간의 운동과 식이요법 등을 마치고 병원에서 몸무게와 함께 체성분 검사를 했다. '오, 마이 갓~!'

무려, 4kg이 빠져 있었다. 1주 차에 0.5kg 감량! 그런데 그 뒤 한 주 만에 3.5kg이 빠지다니, 놀라운 일이 아닐 수 없었다. 게다가, 몸 상태는 더좋아졌다. 짧은 기간이었는데도 그 사이 골밀도가 높아지고, 체지방도 2kg이나 감소했다. 물론, 나의 허리 치수도 '3인치' 나 줄었다. 이렇게 가다가는 비너스가 탄생하는 게 아닌가 싶을 정도로 내 몸의 운동 체감효과는 실로 엄청났다.

슬슬 운동의 재미도 느껴지고 다이어트 할 맛이 나는 순간이었다.

아, 살맛 난다! 살맛 나~! 세상이 밝게 보이는 순간이었다. 몸의 고질적인 통증도 없애고 가뿐하게 살을 빼다니. 전문적인 지식과 프로그램을 충실히 따라 하다보니 자신감이 생겨 운동효과를 더욱더 높여 준 거같았다. 아, 다이어트가 이렇게 신나다니!

찜질방에서 빼는 땀은 몸에 나쁘다!

많은 주부들이, 우리 어머니들이 다이어트를 위해서 찜질방이나 사우나를 찾는 모습을 흔히 볼 수 있다. 찜질방이나 사우나에서 흘리는 땀은 운동시의 땀과 전혀 다르기 때문에 체중감량은 일시적일뿐 건강에 그다지 좋지 않다.

1. 운동할 때 흘리는 땀

노폐물과 중금속을 몸 밖으로 배출시킨다. 그러나 운동할 때 지나치게 땀을 많이 흘리면 체내의 수분이 너무 많이 밖으로 빠져나가 탈수 현상이 나타날 수 있으므로 30분~1시간 가량이 적당하다.

2. 사우나에서 흘리는 땀

체내 수분이 빠지게 하여 일시적인 체중 감소에 도움을 줄 수 있지만 물을 마시면 금방 복귀되기 때문에 다이어트에 전혀 도움이 되지 않는다. 왜냐하면 다이어트의 의미는 수분이 아닌 지방이 연소되는 것을 말하기 때문이다. 사우나로 흘리는 땀은 칼슘, 칼륨, 마그네슘, 인 등 우리 몸에 필요한 성분이 외부로 빠져나가는 것이기 때문에 수분 부족과 전해질 균형 이상을 초래할 수 있다.

박석범 리더스 피부과 원장

몸에 좋은 바른 자세를 익히자!

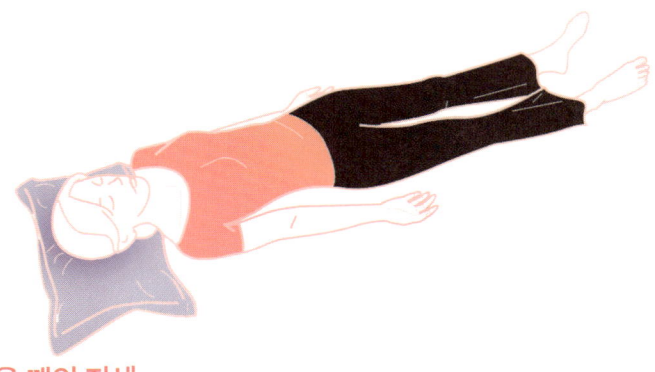

누웠을 때의 자세

높은 베개는 몸에 좋지 않다. 낮고 편한 베개를 베고 일자로 눕는다. 발은 11자로 놓고, 손은 배나 양옆으로 가지런히 놓아 편안함을 느껴보자. 그러면, 누워서도 척추를 바르게 해 주기 때문에 몸에 좋다. 잠 자는 내내 이렇게 할 순 없어도, 누워서 쉴 때나 잠 자리에 막 들었을 때 정도는 이 자세로 휴식을 취해 보자.

앉을 때의 자세

되도록 방석을 준비해서 앉고, 허리를 곧게 편다. 턱을 당기고 어깨의 힘을 빼고 내린 상태로 앉는 버릇을 들이는 것이 아랫배에 살이 붙는 것을 막고 척추나 가슴도 바르게 잡아준다. 아랫배를 넣고 위로 끌어 올리듯이 앉는다.

가족들을 위해서 죽어라 일을 하는 주부나 어머니들은 가사노동의 피로로 인해, 쉴 때나 잠잘 때 등을 비롯한 일상생활에서 바른 자세를 갖지 못하고, 그대로 퍼져 누워있기 십상이다. 자세를 바로 해서, 아름다운 몸매를 만들고 척추를 건강하게 만들 수 있는 방법을 소개한다.

샤워할 때의 자세

공중 목욕탕에 익숙한 분들은 샤워시에도 쭈구리고 앉아서 해, 몸을 불편하게 할 때가 많다. 샤워시에도 허리를 펴고 꼿꼿이 피고 서서 고개를 뒤로 젖혀 머리를 감거나 몸을 씻도록 한다.

소파나 의자에 앉아 TV 볼 때

의자나 소파에 앉을 때는 쿠션을 넓적다리 사이에 넣고 조여 주는 운동을 한다. 특히 이 운동은 광고 시간대를 이용해 하면 좋은데, 15초나 30초 단위로 방송되는 광고가 나올 때마다 허벅지 조이기를 5회씩 반복하면 허벅지 안쪽이 스트레칭 되면서 라인을 잡아줄 수 있는 운동이 된다.

몸에 좋은 바른 자세로 걷자!

1

2

걸을 때의 자세

어깨를 펴고 곧은 자세로 다리는 일자로 똑바로 바닥에 댄다. 걸을 때에는 발뒷꿈치에서부터 발바닥, 앞꿈치까지 순서대로 닿는 것이 바른 보행법이다. 목에 살짝 힘을 주고 고개를 최대한 들면 가슴까지 활짝 펴지고 곧은 자세로 걸을 수 있다.

자세 교정 중 가장 중요한 걷기 자세를 고쳐 보도록 하자. 신발 밑창이 짝짝이로 닳는다면 몸의 균형과 걷는데 문제가 있는 것이다. 걷는 자세를 고치면, 이런 일도 사라질 것이다. 먼저, 실내에 큰 거울이 있다면 자신의 모습을 비춰 가면서 몸의 양쪽 균형이 맞는지 살펴본다. 그런 다음, 발걸음 하나하나를 느껴가며 거울에 비춰서, 바르게 걷고 있는지 확인하는 것이 중요하다. 발걸음이 고쳐졌다면, 몸의 한쪽이 기울게 걷진 않은지, 어깨와 팔도 확인한다. 이것이 익숙해 졌으면 실제로 밖으로 나가 균형 있게 허리를 펴고 걷는 연습을 꾸준히 하면, 척추까지 건강하게 바뀔 수 있다.

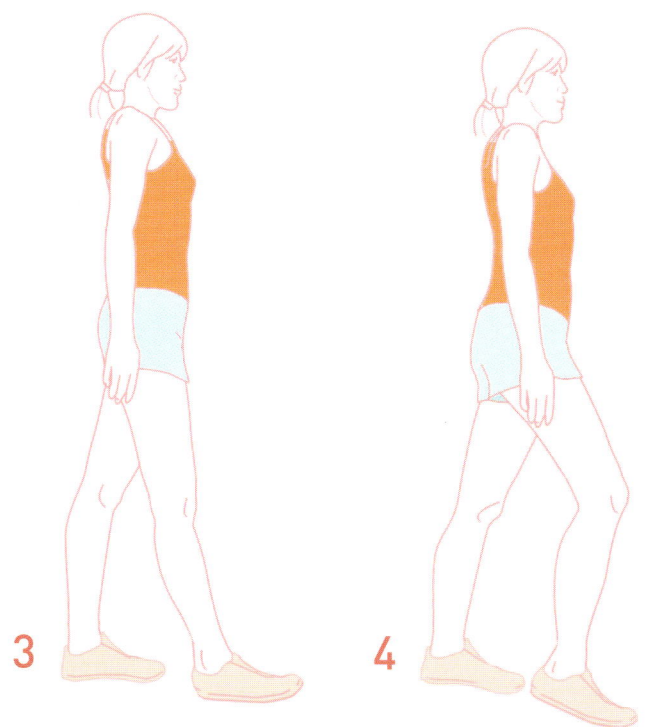

1 턱을 당기고 배를 집어넣고 똑바로 선다.
2 걷기 시작할 때는 발뒤꿈치부터 시작한다.
3 편한 보폭으로 앞꿈치가 마지막에 닿도록 한다.
4 마지막으로 발뒤꿈치가 들리면 한 걸음이 끝난다.

운동은 언제, 얼마나 해야 살이 빠질까?

살이 빠지니 주위에서 궁금하게 여기는 사람들이 많아졌다. "언제 뺀 거야?" "뭐 좋은 거 했어?" "어떤 운동을 한 거야?" "대체 뭘 먹고 이렇게 뺀 거야?" 다이어트에 관한 궁금증은 나나 다른 사람들이나 다 같구나 하는 생각이 들 정도로 내가 몸소 터득한 정보들을 물어보는 이들이 늘어났다. 이런 사람들의 질문 중, "운동은 언제, 얼마나 해야 살이 빠지나요?" 하는 게 가장 많았다. 참으로 중요한 질문이다. 더욱 집요한 사람의 경우, "운동은 식전이 좋아요? 식후가 좋아요?" 하고 묻는 이들도 있었다.

여러분들도 아마 궁금하겠지? 내가 운동을 해본 결과, <u>살을 빼기 위해 하는 운동이라면 식전이 좋고, 근육을 만들려고 하는 운동이라면 식후가 좋았다.</u> 사실, 이것도 트레이너가 가르쳐 주었지만….

"식전에는 몸이 공복 상태라서 혈당치가 낮기 때문에 운동을 시작하면 혈액 속의 당분을 이내 다 써버리죠. 당분을 다 써버리고 나면 지방으로 축적해 두었던 것을 태우게 되고 그 결과 우리 몸은 에너지를 내놓을 수밖에 없어요. 이런 식으로 체내에 축적된 지방을 태우는 것이 살이 빠지는 원리죠."

그래, 어렵다. 하지만, 하여튼 식전에 운동하면 살을 뺄 수 있다니 믿고 운동해 보기 바란다. 나도 그랬으니까 말이다.

또 살을 뺄 때 하루 운동 횟수는 아침과 저녁으로 나눠 두 번 하는 것이 좋다고 했다. 아침 운동은 밤에 자는 동안 만들어진 지방을 잘 태워주므로 여분의 지방이 붙기 어렵게 된다. 반면 밤에 운동을 하면 저녁에 섭취한 칼로리를 소비할 수 있다. 만약 '오늘은 너무 먹어서 걱정된다' 싶으면 30분 정도 걷고 나서 잠자리에 드는 게 좋다. 이렇게 하면 자는 동안 지방이 몸에 붙기 어렵기 때문에 다이어트 효과가 나타난다.

아줌마가 되면 더 효과적인 운동

운동을 하면서 계속 느끼는 것이지만, 회사에서 일하고 볼 일 다 보고 그래도 운동하겠다고 헬스클럽을 찾는 20대 젊은이들이 한없이 대견스러워 보인다. 예전에 내가 운동을 시작하지 않았을 때는 젊은 애들이야 힘이 남아돌고 일도 없으니 아침 일찍 일어나서 하면 되는 걸, 못하는 청춘들이 참으로 게으르다고 생각했지만, 요즘 보면 젊을수록 시간도 없고 운동을 즐길 만한 경제적 여유도 없는 것 같다. 그런데 반해, 나 같은 나이의 엄마들은 사회적 · 경제적으로 안정되면서 비교적 많은 시간을 운동에 투자할 수 있는 다이어트 최적기를 살고 있는 것이 아닌가!

Diet Advice

아침 운동이 더 좋다!

중성 지방이나 콜레스테롤 수치가 높은 사람에게 좋은 아침 운동

아침 운동은 아침잠이 적은 사람들과 운동을 규칙적으로 하려는 사람들에게 적합하다. 특히, 아침식사 전의 운동은 체중 감량에 효과적이다. 비만 체중을 줄이고 싶다면 걷기나 조깅, 자전거 타기 등 유산소 운동을 아침에 1시간 정도 해주면 다른 시간대보다 감량 효과를 빨리 얻을 수도 있다.

아침 운동에서 중요한 점은, 운동 전 스트레칭이 충분히 이뤄져야 한다는 것이다. 아침 시간에는 근육이나 관절의 유연성이 떨어지고 에너지 대사에 관여하는 움직임도 둔하기 때문에 10~20분 동안 스트레칭과 제자리 걷기 등으로 근육을 이완시키고 몸의 체온을 높여준 뒤 운동을 시작해야 한다. 하지만, 아침 운동은 중성 지방이나 콜레스테롤 수치가 높은 사람에겐 괜찮지만 뇌졸중과 심장병 환자들은 아침 운동을 피하는 것이 좋다. 당뇨 환자들도 공복 상태에서 운동을 하다 보면 자칫 저혈당에 빠질 우려가 높은 만큼 피하는 것이 좋다. 아침 운동은 낮에는 활동하고 밤에는 잠을 자도록 생체시계를 조절해주어 쾌적한 수면을 이루는 데 도움을 준다.

신체 기능은 급격히 약해져 있지만, 여러 가지 여건이 되니, 성인병을 예방하기 위해서라도 규칙적으로 운동하는 것이 매우 중요하다.

나는 무산소 운동 중에서도 골다공증을 예방하기 위한 근력 운동을 실시했다. 매주 이틀, 한 번에 20분씩 덤벨 운동이나 팔굽혀 펴기 등을 했다. 그리고 매주 3~4일 정도, 30~40분씩 파워 워킹이나 자전거 타기 등 유산소 운동을 했다. 20대부터 운동을 해왔더라면, 아마 나는 지금 이 산 저 산을 훨훨 날아다닐 정도의 근력을 갖췄을 것 같은데, 실제로는 2주 차에 접어들자 슬슬 체력적으로 힘겨워지기 시작했다.

하지만 나이가 들수록 여성 호르몬이 적어지고 남성 호르몬이 몸속에 많아지기 때문에 몸에 탄력을 주는 가는 근육을 만드는 운동은 젊은이들보다 훨씬 빨리 효과가 나타났다.

다이어트 2주차 5계명

1. 자세를 똑바로 하고 걷는다.
2. 앉을 때도 허리를 곧게 펴고 앉는다.
3. 바르게 누워 잔다.
4. 사우나에서 무리하게 살을 빼지 않는다.
5. 자세를 고쳐주는 2주차 운동 동작을 꾸준히 실시해 예쁜 보디라인을 만든다.

다이어트 2주차 운동

1 발레리나식 체형 교정 동작 : 매일, 1회씩
몸의 중심을 잡아주는 동작으로 팔뚝살을 날씬하게 만든다.

1 두 다리를 붙이고 똑바로 선다.

2 두 팔을 천천히 가슴, 머리 위 방향으로 발레리나들처럼 동그랗게 든다. 이때 팔꿈치는 쭉 위로 올리고 어깨는 아래로 내려가는 느낌으로 동작한다.

3 양쪽으로 양팔을 자연스럽게 내려놓는다. 어깨가 올라가 웅크린 자세가 되면 효과가 없으므로 주의! 30회 반복

바르고 곧은 자세로 교정하기 위해 '발레리나' 동작을 활용했다. 바로 서서 중심을 잡고 몸이 흔들리지 않도록 하는 데 익숙해지면, 신체의 부위들이 제자리를 찾아가 키가 커진 느낌을 받을 수 있고 척추를 바로 세워 부종 치료에도 아주 효과적이다.

2 발레리나식 체형 교정 동작 : 매일, 1회씩
몸의 중심을 잡아 자세를 바로 세우는 습관을 만들어준다.

1

2

1 어깨 너비로 다리를 벌린 상태에서 서서 허벅지 안쪽 근육을 조여 중심을 잡는다.

2 그 상태에서 팔을 벌려 '만세'를 부르는 자세로 든다. 여기서 뒤꿈치를 들어 올리고 팔을 내리면서 몸은 반대로 위로 더 들어 올려지는 느낌으로 동작한다. (30초 유지)

3 서서히 발가락부터 발뒤꿈치까지 연결해 내려 바닥에 붙인다. 30회 반복.

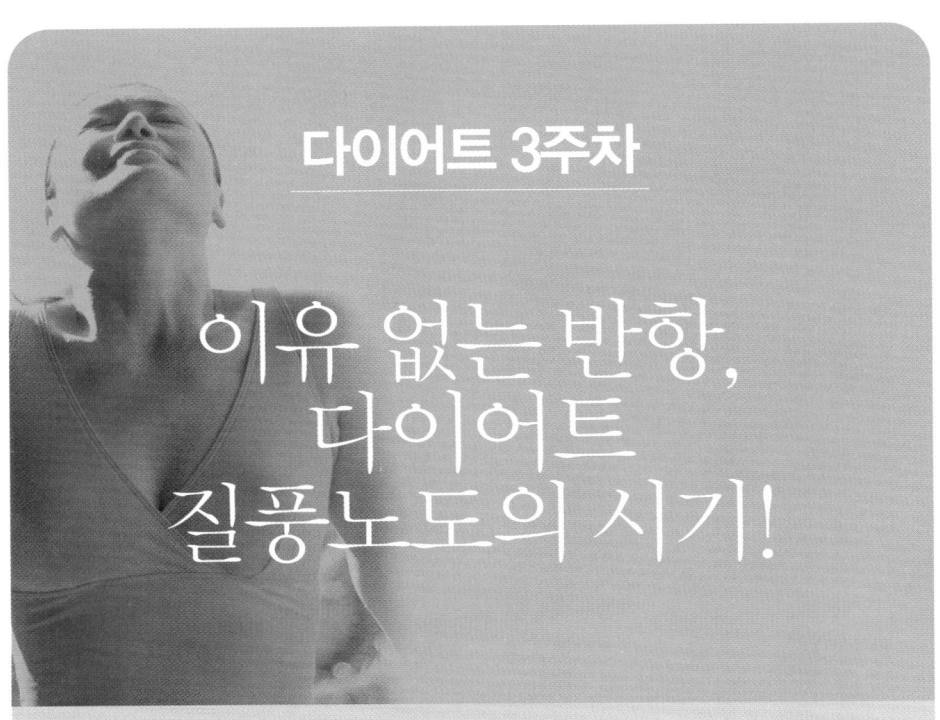

다이어트 3주차

이유 없는 반항,
다이어트
질풍노도의 시기!

1주일간의 목표 **몸무게 −1kg**

실천사항 **정체기 극복, 생식 다이어트 추가**

1 음식을 천천히 씹어 먹기

2 기분전환을 위해 운동 종목 바꾸기 – 야외에서 조깅, 파워 워킹

3 맛있는 생식 다이어트 요리에 도전하기

4 몸의 아픈 부위를 완화시키는 스트레칭 실시

5 다이어트의 응원군들 만나보기

다이어트 슬럼프, 포기하고 싶다!

'앞으로 올림픽이 며칠 남았다구?' 나는 급격한 체중 감량에 용기를 얻고 계속해서 운동에 매진했다. 마치 올림픽을 준비하는 태릉 선수촌의 노장 선수처럼 내 몸에 자신감이 붙으면서 운동은 그야말로 나의 체지방들을 활활 태우며 계속됐다. 주위에서는 나이를 생각하라고, 그 정도 몸매면 되지 않냐고들 할 정도였다.

늦게 배운 도둑질 날 새는 줄 모른다고, 다이어트의 여왕이라도 된 듯 의기양양해진 나는 기분 좋은 3주 차 다이어트에 돌입했다. 음식 조절도 이젠 어느 정도 익숙해지면서, 운동을 더욱 열심히 했다.

그런데 이상하게도 몸무게가 더 이상 줄지 않았다. 무심하게도 꿈쩍조차 안 하는 원망스러운 체중계. 하루에도 열두 번씩 한숨을 쉬고 땀을 잔뜩 흘려도 몸무게는 그대로였다. 이게 웬일이란 말인가.

게다가, 한 끼만 제대로 먹으면 금세 체중이 1kg씩 늘었다. 그동안 나에게 맘껏 먹어도 체중조절은 문제없다며 호언장담하던 트레이너들의 말은 다 거짓이었단 말인가!! 왠지 억울해지면서 운동이 하기 싫어졌다. 한편으로는 방송에 이런 모습이 어떻게 비춰질까 걱정도 되었다.

이런 나의 처참한 기분과는 달리 트레이너들은 전혀 불안해 하지 않았다. 나를 위로하기보다는 오히려 내게 이런 현상이 나타난 것이 마치 다행이라는 듯 의연했다. 그 모습이 당시에는 얼마나 얄밉고 야속하게 느껴지던지….

"아주 당연한 과정이에요. 다이어트 정체기에 접어든 거죠. 누구나 열심히 제대로 운동하다 보면, 3주 차쯤에서 정체기가 오게 마련이죠. 이 정체기만 넘기시면 체중이 빠지는 속도가 2배 이상 빨라질 테니 두고 보세요. 지금은 식사 조절과 체력 유지가 관건이에요."

믿을 수 없었다. 아무리 정체기라 하더라도 이렇게 체중이 빠지지 않는다는 건 분명 문제가 있다 싶었다. 식이 조절을 하고 체력 유지에 힘쓰라는 트레이너들의 말을 뒤로하고, 나는 급기야 고기를 끊고 운동만 열심히 했다. 트레이너가 먹으라는 대로 먹지도 않고, 몰래 단식을 시작한 것이다. 그러자, 다음 날부터 현기증이 나서 운동을 계속할 수가 없었다. '이러다 쓰러지는 건 아닐까?' 덜컥 겁이 났다.

'박원숙, 살 빼려다 실신' 내지는 '중견 연기자 박원숙, 무리한 다이어트 하려다 황천길 구경해' 라고 신문 1면을 장식하게 되는 건 아닌가 등등 별의별 생각이 다 들었다.

운동, 식사, 생활 습관, 이 3박자를 잘 맞추면서 2주간 꾸준히 다이어트를 했더니 체중도 마음먹은 대로 차근차근 빠져주었는데, 어느 날 갑자기 체중이 더 이상 줄지 않는다면 여러분도 나와 같은 절망의 구렁텅이에서 허우적댔을 것이다. 게다가, 아직 원하는 체중에 도달하지 못했는데 이런 현상은 나에게 너무도 가혹한 시간이 아닐 수 없었다. 이대로 아무것도 먹지 않다가는 정말 안 되겠다 싶어 의사 선생님에게 나의 고민을 털어놨다.

"일반적으로 다이어트를 하다 보면 3주나 4주부터는 체중이 더 이상 줄지 않는 정체기가 오는 경우가 많습니다. 그런데 이때 다이어트를 포기한다면 그동안의 노력은 모두 수포로 돌아가죠. 포기하고 그 스트레스에 폭식을 하게 되면 전보다 더 살이 찌게 됩니다. 다이어트 하는 사람이라면 누구나가 다 겪게 되는 과정이니까, 너무 걱정 마시고 세우신 운동 계획대로 밀고 나가셔야 해요."

이 상황을 극복하기 위해 적게 먹더라도 충분히 영양섭취를 할 수 있는 초저열량 다이어트를 제안 받았다.

그래서 시작한 것이 바로 생식 다이어트다. 이제까지 나름대로 균형 있는 식단을 고수했고, 성과가 있었지만, 무작정 안 먹을 수는 없다는 내 몸의 신호…. 그래서 열량은 줄이되 영양소는 최대한 많이 섭취할 수 있는 방법, 물을 늘 함께 마실 수 있어 물 섭취량도 늘릴 수 있는 생식 다이어트를 시작했다.

생식 다이어트는 식사 대신 생식을 복용하는 방법인데, 생식은 30가지 이상의 성분을 배합했기 때문에 다양한 영양소를 섭취할 수 있어 쉽게 배고프지 않고 포만감도 느낄 수 있다. 또 식이섬유가 풍부해 변비로 인한 부작용도 막을 수 있는 장점이 있다.

신진대사가 원활하지 못해 몸이 잘 붓는 사람이나 물만 먹어도 살이 찌는 사람이나 변비로 인해 고생하는 사람에게 적합한 다이어트 방법이다. 물론 생식 다이어트는 먹는 기간이 길수록 효과가 높기 때문에 단기간에 살 빼길 원하는 사람보다는 건강하게 다이어트를 하고 싶은 사람에게 좋다.

생식 다이어트를 하는 동안 나는 음식을 천천히 먹는 방법을 실천했다. 천천히 씹어서 물을 마시는 습관을 생식 다이어트를 통해 얻게 된 것이다.

슬럼프에 빠진 나에게 트레이너들은 다이어트 정체기를 극복하는 다양한 방법을 알려줬다. 일단 기분 전환을 위해 지금까지 하지 않았던 다른 종목의 운동을 해보라고 했다. 그래서 나는 바람도 쐴 겸 친구들과 함께 남산에 올라가 조깅이나 파워 워킹

을 했다.

그러면서 함께 간 친구들로부터 다이어트를 포기했던 많은 경험들을 듣고, 나도 다른 사람과 똑같은 경험을 하는 것이며, 그들로부터 포기하지 말라는 많은 응원의 말을 들을 수 있었다. 마치 자신들이 다이어트 정체기에 도달한 것처럼 걱정해주고 격려해 주는 이들이 옆에 있다는 것이 무엇보다 정체기의 나를 지탱해 주었던 것 같다.

그렇게 우여곡절 끝에 고민과 절망, 재도전을 오가며 힘겨운 다이어트 3주 차를 마감했다. 나의 몸무게는 2주 차 때보다 고작 1kg만 더 줄어든 60kg으로 마감됐다. 아⋯, 고비는 고비다!

맛있는 생식 다이어트 요리로 위안을⋯

맛있는 것을 그리 좋아하는 내가 생식 다이어트라고 해서 그냥 물에만 타먹다가는 쉽게 질려서 입이 거부하는 사태가 벌어질지도 모른다. 다이어트 자체를 즐기기 위해선 그래서 아이디어가 필요했다. '생식을 맛있게, 건강하게 먹을 순 없을까?' 이런 생각에 도전한 것이 생식 요거트 파르페, 생식 그린 샐러드, 생식 경단이었다. 자, 이제 내가 즐겨 요리하고 맛있게 먹었던 3가지 요리를 따라해 보자. 다이어트의 슬럼프는 잠깐 잊고 말이다!

생식 요거트 파르페

재료 생식 빈 1포, 플레인 요구르트, 딸기 2알, 키위 1개, 오렌지 1/4개, 제철 과일 3가지

만들기

1 생식과 플레인 요구르트를 1 : 3의 비율로 섞어 냉장실에 넣어둔다.

2 준비된 과일을 먹기 좋은 크기로 썰어 준비해 둔다.

3 와인 잔에 준비한 과일을 먼저 담고, 생식과 요구르트를 섞어 준비한 요거트를 얹어낸다.

4 생식 요거트를 모닝 빵이나 잡곡빵에 발라 잼 대용으로 사용해도 좋다.

생식 그린 샐러드

재료 양상추 1/2통, 방울 토마토 · 파프리카 등 각종 야채 적당량, 생식 가루 · 레몬즙 2큰술씩, 두유 3큰술, 올리브유 1/2컵, 양파 · 사과 1/4개씩, 마늘 1작은술, 소금 약간

만들기

1 해초는 살짝 얼린다.

2 미역, 다시마는 물에 불려 준비한다.

3 새우는 식촛물에 살짝 삶아 찬물에 담근다.

4 생식 가루 · 레몬즙 2큰술씩, 두유 3큰술, 올리브유 1/2컵, 양파즙 ·

사과즙 · 다진 마늘 1작은술씩을 넣고 드레싱을 만든다.

5 해초, 미역, 다시마, 새우를 그릇에 담고 먹기 직전에 소스를 뿌린다.

생식 경단

재료 생식 2포, 대추, 밤, 호두, 꿀, 두유, 찹쌀 흰떡(각각 양 넣기)

만들기

1 생식 가루와 밤, 대추 등을 나무 주걱으로 체에 내려 고물을 만든다.
호두는 곱게 갈고 대추는 곱게 채 친다.

2 오목한 그릇에 호두 가루, 대추채, 생식 가루, 두유를 넣고 부드럽게
나무 주걱으로 치댄다.

3 ②를 한입 크기로 둥글게 빚는다.

4 ③의 겉에 꿀을 살짝 묻힌 다음 밤 고물을 묻혀서 경단을 만들어 꼬치
에 꽂는다.

가족에게도 좋음은 영양 간식이 될 것이므로 자주 응용해 요리해 먹기를 바란다. 다이어트만 좋은 것이 아니라 성장기의 아이들에게도 영양 만점, 그러나 칼로리는 낮은 요리들이다.

다이어트 3주차 5계명

1. 몸무게가 줄지 않는다고, 다이어트를 중지하면 더 큰 요요가 온다!

2. 기분전환을 한다. – 여행, 레저, 운동강도 높이기 등

3. 생식을 이용해, 다이어트 정체기에 상승효과를 만든다.

4. 함께 다이어트 하는 사람들을 만나, 서로서로 응원해 힘을 얻는다!

5. 3주차 운동을 꾸준히 실시해 몸의 아픈 부위를 완화시킨다.

열량은 줄이고 영양소는 충분히 섭취하는 생식 다이어트

생식은 말 그대로 음식을 날것 그대로 먹는다는 뜻이다. 생식은 무농약, 유기 농법으로 재배한 40여 가지 이상의 곡류, 채소류, 해조류, 버섯류, 과일류 등을 그대로 동결건조하여 영양이 살아 있는 생명식이다. 원래는 암이나 심장질환 환자 등이 건강을 위해 먹던 치료 음식이었지만 요즘은 일반인이 건강식으로 많이 먹는다.

미네랄과 각종 영양소가 열에 파괴되지 않아 적게 먹어도 많은 영양소를 한꺼번에 섭취할 수 있고 한 끼 칼로리가 150kcal 밖에 되지 않아 다이어트에 많은 효과를 볼 수 있다. 생식을 하면 몸속 나쁜 기운이 사라져 피부가 매끄러워지고 변비가 없어진다. 지속적으로 섭취하면 몸의 실루엣이 살아나 예쁜 몸매를 갖게 되고 골다공증까지 예방해주기 때문에 여성에게는 더없이 좋은 미용 식품이다. 생식의 원리는 동결건조법인데, 사과 55㎏을 동결건조하면 5㎏으로 줄어든다. 다시 그것을 분말로 만들면 원래 부피의 1/30로 축소된다. 이처럼 생식은 소식을 하면서도 에너지 효율은 높은 장점을 지닌다. 박원숙 씨의 경우, 생식을 하루 1회 정도 대용식으로 하고, 집중 체중감량 기간에는 하루 2회를 대용식으로 챙겨 먹었다.

생식의 영양 정보

생식의 주요 원료는 현미, 차조, 수수, 율무, 콩, 팥, 검은깨, 당근, 우엉, 브로콜리, 보리순, 흑향미, 케일, 솔잎, 무, 쑥, 표고버섯, 영지버섯, 김, 신선초, 미역, 다시마, 율무, 토마토, 호박, 올리고당, 스피루리나, 흥국보리, 영지쌀, 효모, 유산균 등 40여 종의 무공해 곡물로 이뤄져 있다.

박미현 박사 (주)이롬 생명과학연구원

생식 vs 화식(火食) 및 가공식의 영양 손실 비교

생식	구분	화식 및 가공식
거의 모든 비타민 유지	비타민	수용성 비타민 주로 파괴 지용성 비타민도 고온에서는 파괴
거의 유지	미네랄	가열에 의해 파괴
효소가 살아있음	효소	열에 의해 파괴
적당한 생단백질 섭취	단백질	단백질 변성
신선한 식물성 지방 섭취	지방	지방 산패
그대로 유지	엽록소	조리 및 가열 시 파괴
그대로 유지	씨눈	가공으로 제거
그대로 유지	섬유질	가공으로 제거

다이어트 3주차 운동

1 등 마사지 동작 : 매일, 5회씩

등살 제거는 물론 척추기립근을 단련시키며, 뱃살 제거 및 전신 다이어트에 효과적이다.

1

2

1 누운 자세에서 두 다리를 구부려 배 위에 놓는다. 숨을 들이쉬면서 머리는 들어 배를 바라본다.

2 숨을 정지시키면서 두 손은 각각의 발목을 잡고, 몸이 바닥에 닿기 직전까지 기울여 등을 굴려 마사지한다. 이때 복근의 힘으로 몸을 굴려야 하며, 어깨가 위로 솟지 않고 힘을 빼도록 노력해야 효과적이다.

3 숨을 내쉬면서 ①의 동작으로 돌아온다.

다이어트 정체기로 접어드는 기간, 운동을 통해 마사지 효과를 주거나, 스트레스 해소에 좋은 통증 치료 및 예방에 좋은 변형 동작을 실시한다. 또 주부들의 고질병인 요통과 등 결림 현상을 완화시키는 동시에 부위별 슬리밍 효과가 있는 동작들이다.

② 요통 체조 : 매일, 5회씩

허벅지 안쪽 살 빼는 데 효과적이며, 옆구리 살 제거에 좋다. 요통이 있는 사람에게는 예방 효과도 있다.

1 옆으로 누운 자세에서 팔을 직각으로 해 몸을 받치고, 다른 쪽 팔은 배 앞에 놓아 몸무게를 지탱한다.

2 두 다리를 45도 구부리고, 위아래로 들었다 내렸다를 5회 반복한다.

3 머리부터 발끝까지 길게 쭉 펴고 5회 마지막에 팔을 허벅지 위에 놓는다. 이와 같은 동작을 5회 반복한다. 올리는 다리에 팔을 얹고 다시 5회 실시. 반대쪽도 똑같이 실시한다.

다이어트 4주차

마의 50kg대, 높은 벽을 허물다!

1주일간의 목표	몸무게 −3kg
실천사항	구부정했던 키 바로 잡기, 열량 1,200kcal로 제한, 바른 영양섭취, 하루 세끼 식사 엄수

1 강력한 파워 워킹 실시

2 척추 스트레칭에 중점을 둔 운동

3 영양을 골고루 섭취하는 세끼, 새 식단 따라하기

4 비타민, 항산화제 섭취하기

5 고운 피부와 몸의 볼륨을 유지하기

나는 지금, 슈퍼모델이 부럽지 않다

다이어트 4주 째에 접어들었다. 추석 다음 날부터 시작된 나의 다이어트는 이제 30일을 넘기고 있다. 다이어트 4주 차에 들어서자 다시 체중이 감소하기 시작해, 5주 차 진입 전날에는 57kg까지 내려가는 대기록을 수립했다. 단 1주일 만에 또 3kg이 감량된 것이다.

믿을 수 없는 수치였지만, 체중은 그렇게 나를 긴장시켰다가 의외의 선물을 주는 얄궂은 놈이었다. 다이어트 하면서 나와 같은 경험을 한 분들이 많을 것이다. 다이어트 정체기를 겪으면서 생긴 체중계 보는 습관은 사실 그 후로도 계속되었다. 지난 3주간 체중계와 마주했던 나의 기분이 지극히 불안하고 섭섭했다면, 다이어트 4주째를 관통한 나는 체중계 앞에서 늘 설레고, 운동하고 싶은 자극을 더 크게 받는 즐거운 일과가 되었다. 하지만 주위의 권유대로 체중계의 노예가 되지 않도록 체중을 재는 횟수를 줄여나가기 위해 노력했다.

고비를 어느 정도 넘기면 어느 순간 체중이 한꺼번에 빠지는 현상을 보이는데, 이때는 식이 조절이 가장 중요하다. 정상 식사 조절기로 들어가 다시 식단 변화를 계획하면서 나의 몸과 마음은 생기를 되찾기 시작했다.

이 기간에는 열량 섭취를 제한해야 하는 동시에 6가지 식품군을 골고루 섭취해야 한다. 곡류군, 어류·육류군, 채소군, 지방군, 우유군, 과일

군의 총 6가지 식품군을 골고루 섭취하는 균형식을 열심히 지켜야 다이어트 이후에 요요를 예방할 수 있다. 그리고 이 기간에는 세 끼를 규칙적으로 섭취하는 것이 중요하며, 1,200kcal로 열량을 제한해 다양한 식품군이 포함된 식재료를 찾아 정성껏 식사를 하는 것이 매우 중요하다.

다이어트 4주 차 나의 식단을 자세히 공개하겠다. 여러분도 이 기간에 들어섰다면 다음 식단을 참고하기 바란다. (168쪽)

그리고 이 기간, 나는 파워 워킹과 함께 척추 비틀기, 척추 스트레칭을 중심으로 운동했는데, 척추 스트레칭은 쉽게 말하면 몸 전체 균형을 잡아주고, 척추를 중심으로 상체와 하체를 골고루 운동시킬 수 있는 방식을 몸에 익히는 운동이다. 척추 스트레칭의 경우, 내가 가장 즐겨하는 운동이 되었는데, 운동 자체만으로 등 전체에 뭉쳐 있는 근육들을 풀어주고, 팔과 허벅지, 종아리 근육까지 탄력을 더해주는 더없이 좋은 운동이다. 모든 운동은 욕심 부리지 말고, 모양새가 어떻든 간에 그 동작을 통해 내 몸이 아픈 곳, 동작에 장애가 되는 곳에 의식을 집중시키면 효과가 더 높아진다.

척추 비틀기 동작의 경우, 앉은 자세에서 팔만 왔다 갔다 하는 간단한 동작이지만, 팔을 움직일 때 팔 안쪽 근육은 물론 척추기립근, 등과 옆구리가 연결되는 라인이 최대한 운동돼, 이쪽에 군살이 많은 분들에게 적극 권하고 싶다. 특히, 척추 운동의 경우 우리 주부들이 고민하는 부종에도 효과가 좋다고 한다.

척추를 바로 세우는 것만으로도 부기를 뺄 수 있다는 말은 누차 강조한 얘기니 지금도 구부정하게 앉아 이 글을 읽는 분들은 안 계시겠지? 정신을 집중하고 내 몸의 아픈 곳에 집중하면서 4주 차 운동에 최선을 다했다.

그 결과, "나를 믿고 흘린 땀은 나를 절대 배신하지 않는다"는 정 코치의 말이 맞았다. 허벅지 근육이 단단해지면서 군살이 빠지고, 팔뚝도 부분적으로 남아 있던 지방들이 빠지면서 가는 근육이 자리를 잡았다.

이제 한여름에 시원하고 당당하게 민소매 옷을 입을 수 있다는 기쁨에 하루에도 옷을 수시로 갈아입어 보면서 나름대로 다이어트 성공을 만끽했다.

등과 옆구리 살이 빠지면서 나는 이전 속옷이 맞지 않아 속옷도 작은 사이즈로 모두 바꿨다. 옷 사러 가서 사이즈 걱정 없이 당당하게 마음에 드는 옷을 고를 수 있는 이 기쁨은 다이어트가 내게 준 가장 확실한 선물이었다.

생활 속에서 체조를 습관화해 키도 커졌다. 원래 내 신장이 165cm였는데, 다이어트 직전 재어보니 162cm. 구부정했던 내 자세가 나의 키 3cm를 먹어버렸던 것이다. 그리고 다이어트 4주 후, 다시 잰 나의 키는 165cm로 되돌아와 있었다. 게다가, 절대 넘을 수 없는 산처럼 느껴지던 마의 50kg대! 나의 몸무게가 그 험준한 봉우리를 드디어 넘어서는 감격의 순간을 맞았다.

다이어트 4주차 식단

	아침	점심	저녁
월	밥 1/3공기 달걀 프라이 1개 콩나물국 연근조림(50g) 깻잎나물(70g) 깍두기(50g) 저지방 우유 200ml 토마토(大) 1개	밥 2/3공기 가자미 구이(小) 1토막 쇠고기무국 기름 없이 구운 김(2g) 오이 배추김치(70g) 생청국장(약간)	밥 2/3공기 쇠고기 두부볶음(40g) 연두부 1/2모 청국장 마늘종 조림(25g) 브로콜리(70g) 배추김치(70g)
화	밥 1/3공기 조기구이(小) 1토막 무국 우엉조림(25g) 가지나물(70g) 배추김치(70g) 저지방 우유(200ml)	밥 2/3공기 동태찌개(小) 1토막 숙주 파래무침(70g) 배추김치(70g) 수박(大) 1조각	밥 2/3공기 뱅어포구이(15g) 두부 된장찌개 호박, 양파, 표고버섯 배추김치(70g) 황도(小) 1개
수	밥 1/3공기 소불고기(40g) 시금치 된장국 상추깻잎 겉절이(70g) 무말랭이(10g) 배추김치(70g) 저지방 우유(200ml)	밥 2/3공기 로스구이(40g) 아욱된장국 꽈리고추 조림(70g) 무생채(70g) 배추김치(70g) 사과 1/2개	밥 2/3공기 돼지불고기(40g) 배추 토장국 상추쌈(70g) 겨자채(70g) 열무김치(70g)
목	감자(中) 1개 삶은 달걀 1개 양배추 무순 샐러드 단호박찜(40g) 배추김치(70g) 저지방 우유(200ml) 토마토(大) 1개	잔치국수 버섯 피망전(50g) 배추김치(70g) 방울 토마토 5개	밥 2/3공기 돼지 카레볶음(40g) 호박 새우젓국 풋고추 잡채(70g) 표고버섯 나물(50g) 배추김치(70g)

	아침	점심	저녁
금	토스트 1조각 로스햄 1조각 양상추 토마토 샐러드(140g) 오이(70g) 저지방 우유(200ml) 방울 토마토 10개	밥 2/3공기 닭가슴살 소금구이(40g) 일본 된장국 양배추 무순샐러드(70g) 오이피클(70g) 배추김치(70g)	메밀국수 달걀 프라이 무즙(70g) 호박전(70g) 배추김치(70g)
토	밥 1/3공기 청어구이(小) 1토막 버섯 된장국 연근조림(50g) 오이나물(70g) 배추김치(70g) 저지방 우유(200ml)	밥 2/3공기 닭 양념구이(40g) 팽이버섯 일본 된장국 도라지생채 쑥갓나물(70g) 배추김치(70g)	밥 2/3공기 조기구이(小) 1토막 콩자반 2큰술 일본 된장국 시금치 나물(70g) 느타리 버섯볶음(70g) 배추김치(70g)
일	밥 1/3공기 어묵 야채볶음(30g) 미역국 콩나물 무침(70g) 더덕구이(50g) 배추김치(70g) 저지방 우유(200ml)	밥 2/3공기 삼치구이(小) 1토막 미역국 팽이버섯전(70g) 숙주 미나리 나물(70g) 열무김치(70g)	밥 2/3공기 두부조림(80g) 콩나물국 호박나물(70g) 무생채(70g) 배추김치(70g)

무조건 운동하면 제대로 늙는다

운동하면서 가장 고민되는 것 중의 하나는 나의 '나이'였다. 환갑을 바라보는 이 나이에 생활의 중심을 운동에 두다 보니, 주위에서는 이제 쭈글쭈글 늙는 건 시간문제라며 다이어트 후유증을 미리 걱정하는 이들이 많았다.

그도 그럴 것이, 운동을 안 할 때도 한 해 한 해가 다르게 얼굴에 느는 주름이 걱정이었는데, 운동을 하면 더 빨리 늙는다는 얘기를 나도 어디에선가 본 적이 있었던 터라, 체중 걱정을 뒤로 하니, 노화 걱정이 머리를 짓눌렀다.

나도 그렇지만 여자들은 살을 빼면 얼굴이 가장 먼저 빠지고 그다음엔 불행히도 가슴이 빠진다. 살이 빠지는 것은 너무 행복하지만, 상대적으로 볼륨을 잃는 것에 대해 다들 얼마나 심란한지는 여자들만이 아는 또 다른 다이어트의 걱정 중 하나일 것이다. 그러면 어떻게 해야 좋을까?

<u>적절한 운동은 암을 예방할 정도로 좋고 노화를 방지하는 역할도 하지만, 무리한 운동은 오히려 우리 몸에 유해산소를 급속히 증가시켜 해가 된다고 한다.</u>

이 유해 산소를 '활성산소'라고 하는데, 이 활성산소는 우리 몸의 노화를 촉진시키는 원인이 된다. 운동을 적당히 하고 있는지도 사실 가늠하기가 힘들고, 그놈의 활성산소라는 놈이 내 몸속에 폴폴 나오고 있는

건 아닌가도 걱정됐다. 그런데 전문의들은 그것이 걱정된다면 비타민을 먹으라고 했다. 비타민류, 즉 항산화제는 이런 유해산소를 억제하는 역할을 한다. 다이어트 초반부터 비타민을 열심히 챙겨 먹어온 나는 그래서인지 다이어트 4주 째를 지나고 있는 현재도 주름이 늘지 않고 타고난 피부를 유지하고 있다. 휴~, 얼마나 다행인지…!

다이어트 4주차 5계명

1. 정상 식사의 식단으로 돌아간다.

2. 몸의 균형을 잡아주고 근육의 탄력을 주는 운동을 중점적으로 실시한다.

3. 척추를 바로 세우면 부종도 없어진다.

4. 몸의 영양 밸런스에 신경 쓴다.

5. 다이어트 후유증에 대비한다.

다이어트를 해도 늙지 않는 방법

항산화제는 왜 먹어야 하나?

'활성(活性)'이라는 말은 어떤 물질과도 쉽게 반응한다는 의미에서 붙여진 이름이다. 활성산소는 인체 내에서 적정량이 발생할 때는 인체에 도움을 주지만 과다하게 생성되면 주위의 세포막이나 염색체 그리고 단백질들을 손상시킨다. 활성산소는 콜라겐과 섬유질을 공격하여 피부 노화를 유발하고 혈관을 공격하여 동맥경화를 일으켜 신체 기능을 떨어뜨린다. 운동으로 인해 발생하는 유해산소인 활성산소를 억제시킬 수 있는 것이 바로 '항산화제'인데, 항산화제는 노화와 각종 질병예방을 위해 비타민이나 케일 · 신선초 · 당근 · 셀러리 · 오이 등의 신선한 식품을 통해 섭취하는 것이 좋다.

그런데 야채나 과일에도 항산화제가 들어 있긴 하지만 이렇게 식품 형태로 복용할 때는 우리 몸의 활성산소를 효과적으로 제거하기에는 많이 부족하다. 따라서 정제 형태로 된 고용량의 항산화제 요법이 필요하다. 이때는 복용이 편한 비타민 제품을 의사에게 처방받아 복용하는 것이 간편하고 믿을 수 있는 방법이다. 항산화제로 쓰이는 비타민과 미네랄의 종류는 다음과 같다.

비타민 비타민 A(베타카로틴), 비타민 C, 비타민 E

미네랄 Se(셀레늄), Mn(망간), Zn(아연), Cu(구리) 등

여 에스더 에스더 클리닉 원장

엄마들이 가장 원하는 피부과 노화방지 시술의 모든 것

재생세포 회춘술 – 손상 피부 재생, 주름 완화, 탄력 증진

피부과에서는 전문적으로 노화방지에 대한 여러가지 치료를 처방 받을 수 있는데, 피부과 치료는 음식물 섭취나 생활환경 변화를 통해 얻을 수 있는 효과보다 시간적으로 빠른 효과를 볼 수 있다는 장점 때문에 전문의 상담을 원하는 주부들이 늘어나고 있는 추세다. 그 중, 많은 주부들이 궁금해 하는 대표적인 치료법 한 가지에 대해 그 원리와 효과가 어떻게 일어나는가를 소개하겠다.

노화의 가장 큰 상징은 바로 깊게 패이는 주름과 탄력 없는 피부가 아닐까. 다이어트를 하는 이들에게는 지방은 최대의 적처럼 여겨지지만, 노화에 관한 해답을 갖고 있는, 노화방지에 없어서는 안될 중요한 요소이기도 하다.

사람의 지방에는 지방조직 및 지방세포 및 여러 가지 세포들로 구성되어 있는데, 이 중 손상된 조직을 재생할 수 있는 능력이 탁월한 세포를 특별히 '재생세포'라 부른다. 최근, 유럽을 중심으로 임상을 거쳐 효과를 검증받은 치료기술 중, '재생세포 회춘술'은 자신의 불필요한 지방들, 특히 나이 들면서 생기기 쉬운 복부나 엉덩이, 허벅지 등의 군살들을 이용하여, 자신의 지방 속의 활력이 넘치는 재생세포만을 정제하여 피부가 손상되거나 노화된 부위에 주입을 하는 시술이다.

활력이 넘치는 재생세포가 이미 노화를 시작한 단계의 세포를 대신하여 피부 재생을 시켜주는 방법이다. 재생세포 회춘술의 경우에는 시술 전 지방 속에 있는 죽은 세포들을 걸러내고, 살아있는 지방세포만을 주입하기 때문에 시술 후에도 형태의 변화나 볼륨의 감소로 인한 불만족을 상당히 해소시켜줄 수 있는 치료방법으로 평가 받고 있다. 노화된 피부에 탄력을 증진시키고, 손상된 피부를 재생시켜줘, 잔주름에서 굵은 주름까지 완화되는 효과를 얻을 수 있다. 시술 부위는 노화된 손이나 목, 미간, 팔자주름 등 어느 부위나 가능하다.

재생세포 회춘술 부위별 치료 전 · 후 사진

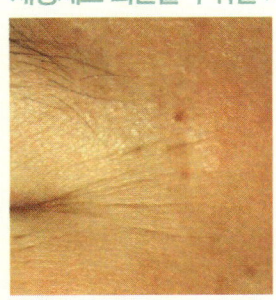 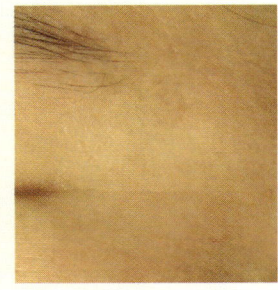

슬림 리프트 부위별 치료 전 · 후 사진

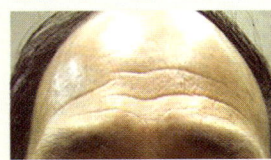 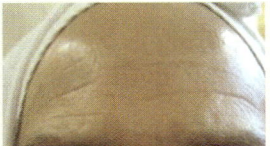

슬림 리프트 – 주름 개선, 탄력 증진, 셀룰라이트 축소

주사나 수술 없이도 피부 탄력을 재생시킬 수 있는 전혀 새로운 고주파 시술이 노화 개선치료 방법으로 최근 들어 인기를 끌고 있다. 그 중, 후유증이 없고, 빠른 효과를 보이는 치료기술 중 대표적인 것이 '슬림 리프트' 다.

기존 레이저나 고주파 시술은 마취가 필요했지만, 슬림 리프트는 마취 없고, 고통 없이 편안하게 시술을 받을 수 있다. 뿐만 아니라, 시술 후 관리 역시 간편한데, 기존 레이저나 고주파 시술은 시술 후, 딱지와 상처에 주의해야 하며, 일정 기간 동안 자외선을 피해 줘야해 불편했는데, 슬림 리프트는 그런 단점이 없어 편하다. 일종의 기계 마사지 방식인 슬림 리프트는 고주파 리프팅 롤러를 이용해 주름이나 쳐진 피부를 개선 시켜주는 치료다.

주름을 개선하거나 얼굴을 작게 만든다는 시술들이 심한 통증이나, 얼굴에 칼을 대는 큰 수술이었다면, 시술에 대한 공포감이나 고통, 부작용이 없어 최근 중년 여성들에게 호응이 높다. 고주파를 이용해 손상된 콜라겐을 재생시켜 피부 노화를 개선해주는 치료법으로 얼굴과 목의 주름, 출산으로 인해 탄력이 떨어진 곳과 복부, 팔뚝, 허벅지 등 셀룰라이트 축소에 탁월해 지방흡입 수술을 꺼리는 이들에게 적당하다. 또한, 칙칙한 얼굴 톤도 맑고 밝게 개선되며, 넓은 모공과 다크 서클까지도 개선되는 효과까지도 기대할 수 있는 업그레이드된 노화개선 치료라고 할 수 있다.

장경애 리더스 에스테틱 원장

다이어트 4주차 운동

1 척추 스트레칭 동작 : 매일, 5회씩

허벅지선과 종아리 슬리밍 효과가 탁월하며, 팔 안쪽 근육을 단련시키는 데도 좋은 전신 운동이다.
척추를 바로 세우고 척추를 운동시켜 혈액순환을 활발하게 해줘, 부종 완화에 좋다.

1 똑바로 앉은 상태에서 두 다리를 어깨 정도로 벌리고, 두 팔을 앞으로 나란히 편다. 이때 발
   끝은 직각으로 꺾어 몸쪽으로 향하게 자세를 잡는다.
2 숨을 들이마시면서 팔을 앞으로 내밀고 허리를 굽힌다. 단, 몸통으로 팔을 밀지 않도록 한
   다. 또 어깨가 올라가지 않게 주의하고, 척추에 무리가 가지 않도록 자연스럽게 허리가 굽
   혀지게 한다.
3 숨을 내쉬면서 ①의 동작을 반복한다.

척추 스트레칭은 혈액순환에 도움을 주어 몸을 따뜻하게 데워주는 역할을 하는데, 허리와 관절 스트레칭이 적절히 되므로 운동전후 스트레칭으로도 효과가 좋은 동작이다. 정확한 동작이 가능한 다이어트 4주 차 정도에 맞춰 실시하면 더욱 효과적이다.

2 척추 비틀기 동작

척추 운동으로 엉덩이 근육, 옆구리, 팔 안쪽에 슬리밍 효과가 탁월한 동작이다.

1 똑바로 앉은 상태에서 두 다리를 모으고 발목은 꺾어 몸 쪽을 향하게 한다. 또 양팔은 앞으로 나란히 들고, 시선은 앞을 응시한다.

2 숨을 들이마시면서 왼팔을 왼쪽으로 180°가 되도록 밀어준다. 이때 옆구리와 팔 바깥쪽 라인이 연결되는 근육이 운동되는 것을 느껴야 효과적이다.

3 숨을 내쉬면서 ①의 동작을 취한다.

4 왼쪽도 마찬가지 방법으로 실시한다.

다이어트 5주차

드디어,
비너스 탄생

1주일간의 목표	**1주일간의 목표 몸무게 -1kg**
	요요현상 예방하기
실천사항	**복근운동 집중, 근육 만들기**

1 복근운동 늘리기

2 채식 위주 정상식으로 돌아가, 한 끼는 생식 섭취

3 전체 운동량은 줄이되, 운동의 생활화에 집중하기

4 요요현상 없는 식품 선택해 새 식단 짜기

5 1주~5주차 필라테스 동작들의 생활화

요요 현상이 올지라도 나는 좋다!

처음 계획했던 대로 마지막 주 다이어트에 들어갔다. 나는 이제 마치 운동 전도사라도 된 양 사람만 만나면 운동 예찬을 늘어놓기 바빴다. 이전의 나와 같은 실수를 거듭하고 있는 이들에게 나는 어떤 사명감에 사로잡혀 열 일을 제치고 "운동하세요", "오늘부터 하세요", "나 좀 보세요. 나도 했어요"를 외쳐댔다.

이러다 완전히 운동계 내지는 다이어트 산업역군의 길로 빠지는 건 아닌가 싶을 정도로 변해버렸다. 다이어트를 하면서 성격도 많이 바뀌었다는 생각이 든다.

다른 사람을 쉽게 믿지 못하면서도 늘 누군가가 나의 앞길에 관해 무언가 제안해주기를 바랐던, 앞뒤 안 맞고 우유부단했던 성격이 조금은 정리된 듯 여유가 생기고, 고집이 누그러진 나를 발견하게 됐다.

"하면 되지 뭐", "이 나이에 다시 시작하지 뭐, 까짓것", "기분 좋게 먹고 신나게 운동하면 돼."

혼자 뭔가를 해결해 나가야 한다는 외로운 삶의 태도 또한 거둬내기로 마음먹었다. 나의 5주간 다이어트에 동참해 함께 노력하고 감시의 고삐를 놓지 않았던 주치의들과 트레이너들을 믿고 의지하며 정직한 다이어트를 했던 것이 나 스스로에게 이토록 놀라운 결과를 가져다 주었기 때문이다. 5주 차에 들어간 나의 몸은 그야말로 깃털마냥 살랑살랑 가볍

"지금 나에게는 설령 요요 현상이 온다 해도 두렵거나
좌절하지 않을 자신감이 생겼다.
'삶이 그대를 속일지는 몰라도 운동은 절대 그대를 속이지
않을 것' 임을 나 박원숙이 감히 장담하게 되었기 때문이다."

고 상쾌했다. 걷는 데 불편했던 관절도 부드러워졌고, 골밀도 수치도 더 좋아졌다. 정말, 이래서 운동하나보다 싶다. 규칙적으로 먹고 운동 시간에 집중하는 버릇이 들었으며, 무엇보다 자세가 교정되어 우아한 나로 변신한 것에 대단히 감사하며 경이로운 일이 아닐 수 없다.

5주 차에 들어간 나는 집중 복근운동을 더욱 열심히 해, 지방이 빠져나간 복부에 가는 근육을 만드는 과정에 몰입했다. 그리고 트레이너들로부터 앞으로는 운동량을 조절해 가면서 다이어트 기간보다 운동 시간을 좀 줄이고 운동 자체를 생활화 하는 데 중점을 두라는 조언을 들었다. 지금 나에게는 설령 요요현상이 온다 해도 두렵거나 좌절하지 않을 자신감이 생겼다. '삶이 그대를 속일지는 몰라도 운동은 절대 그대를 속이지 않을 것' 임을 나 박원숙이 감히 장담하게 되었기 때문이다.

이 세상에서 제일 쉬운 게 다이어트더라~

두려움과 기대 속에 시작된 나의 5주간 다이어트! 나는 살아오면서 워낙 힘든 일을 많이 겪고 실망도 많았던지라 다이어트에 크게 기대하지 않았었는데, 실제 해보니 다이어트는 의외로 쉬웠다.

적어도 지난 5주간은 나만을 위한 시간 투자였고, 누구도 아닌 내가 나를 가장 많이 생각한 기간이었기 때문이다. 다이어트는 미리 대비하지 않더라도, 설령 실패했다 하더라도 다른 사람에게 폐를 끼치거나 걱정을 살 필요 없이 온전히 나에게만 승부를 걸 수 있는 일이었다.

많은 사람들이 삶의 목표를 이야기할 때, '부자가 되고 싶다' 는 생각을 가장 먼저 떠올린다. 그런데 부자가 되기 위한 방법도 많고 부자의 가치 기준도 사람마다 다르기 때문에 내게 맞는 방법을 알기란 쉽지 않다. 내가 원하는 수준의 부자가 되기 위해서는 갖춰야 하고 준비해야 할 조건이 많기 때문이다.

다이어트는 부자가 되고 싶어 하는 사람들의 본능과 너무 많이 닮아 있다.

'다이어트에 성공하고 싶다' 는 생각을 하게 되면, 다이어트에 성공하기 위한 방법은 많이 알지만 내게 맞는 방법을 찾기가 쉽지 않고, 다이어트에 성공하기 위해서 갖춰야 할 체질과 준비할 조건도 많다고 생각한다.

다이어트의 성공 가치 기준 또한 사람마다 다르다. 나는 부자가 되어 보기도 했고, 가난뱅이 빚쟁이가 되어보기도 했다. 그러면서, 부자도 사람이 만들고 가난뱅이도 사람이 만든다는 생각을 한 적이 있었다.

참 우습게도, 다이어트도 부자 되는 것 못지 않게 인생의 길을 행복하게 하는 것이었구나 하는 사실을 새삼 깨달으며, 내 인생에는 아직도 깨닫고 치러내야 할 뭔가가 많을 것이라는 생각이 스쳐갔다.

살아가면서 한 번쯤 성공하고 싶은 사람들에게 나는, 다이어트가 가장 쉬운 목표였노라고 말하고 싶다. 실패하더라도 감내해야 할 눈물이 없고, 기억 때문에 현재를 불안해 하며 살지 않아도 되고, 섣부른 재도전을 다시 꿈꾸기에 주저할 이유가 없는 것이 바로 다이어트이기 때문이다.

이제 나의 잘 먹고 잘 사는 시대는 지났다!

다이어트 5주 차, 나는 잘 먹고 잘 사는 게 인생 목표였던 삶의 지향점을 조금 선회했다. 물론, 이 '잘 먹고 잘 살자'는 의미는 많은 사람들이 느끼고 있는 행복의 가치를 말하는 것이 아니라, 전적으로 나의 기준에서 '어쨌거나', '하여튼', '나중에 어찌됐든 간에' 현재라도 그렇게 함으로써 자족하자는 의미를 담은 말이다.

나는 그동안, '잘 먹고 잘 살자!'라는 말을 매일매일을, 순간순간을, 허락되는 최소한의 상황 내에서 그것만이라도 해내자는, 조금은 자포포기 상태의 어휘로 사용해 왔었다. 그래서인지 '잘 먹고 잘 살자!'는 어감은 지금 나에게 너무나 일회적인 느낌으로 와 닿는다.

좀 더 길게 내 삶을 준비하는 현재로 사는 게 더 중요하지 않을까, 나이에 얽매여 앞날을 섣불리 자포자기하거나 일시적인 만족을 위해 살지는 않겠다는 말이다.

지금 행복해야 내일이 행복할 것이고, 지금 준비하는 것이 오늘 만족을 줌은 물론, 내일 만족할 토대가 될 것임을 믿고 살겠다는 자세로 판단과 추진력의 기준이 바뀌었다.

다이어트 5주 차에 내가 가장 만들고 싶었던 복근을 운동시켰던 트레이너들의 마음처럼 나는 최종 목표를 좀 멀리 두고 오늘부터 계획을 세워 나가기로 했다.

다시 식단을 짜고, 운동 계획표를 짜고, 이제 조금씩 늘어나고 줄어들기를 반복할 내 몸무게를 어느 정도 정착시키기 위한 생활 패턴을 계획하는 것만으로도 마지막 주 다이어트는 눈코 뜰 새 없이 지나갔다.

나의 다이어트 성공을 미리 축하해 주려고 많은 지인들이 파티를 하자고 했고, 나는 기꺼이 그 자리의 주인공이 되기로 약속했다. 다이어트 5주 만에 이제는 먹으면 무조건 살이 찔 거라는 걱정은 하지 않아도 될 정도로 자신감이 생겼기 때문이다. 요요를 방지하기 위한 식이요법에서 가장 중요한 것은 다이어트가 끝난 바로 다음 주라고 한다. 이 기간에는 단백질 섭취를 늘리면서 근력 운동을 하는 것이 중요하다. 그리고 탄수화물 섭취는 서서히 늘려야 한다.

이 기간 중 음식 재료를 선택할 때는 무조건 칼로리가 낮은 것만 찾지 말고 열량은 낮으면서도 영양가가 높은 것을 선택해야 한다.

요요현상을 막는 '영양가는 높고 열량은 낮은 음식'은 토마토, 달걀, 두부, 당근, 우유, 어패류, 생선 등이 최고다.

특히, 내가 다이어트 기간 중에도 무조건 먹으려고 노력했던 토마토는 영양소도 많고 포만감도 크기 때문에 가장 추천하고 싶은 음식이다. 우리가 매일 다른 음식은 먹지 않고 토마토, 달걀, 우유만 먹더라도 어느 정도의 영양소는 모두 섭취가 가능하다고 한다. 또 우유는 두유나 저지방 우유를 마시라고 권하고 싶다. 우유는 사실 맘 놓고 먹었다가는 큰 코 다칠, 열량이 꽤 높은 음식 중의 하나이기 때문이다.

다이어트 5주차 5계명

1. 몸매를 다듬기 위해, 복근운동으로 다이어트를 마무리 한다.

2. 정상식으로 돌아가도 살이 찌지 않을 식품으로 식단을 만든다.

3. 요요현상이 오지 않도록 운동의 생활화에 주의한다.

4. 매주 익힌 동작들을 앞으로도 꾸준히 반복한다.

5. 다이어트 전후의 달라진 점을 직접 체크하라!

반드시 요요현상을 부르는 생활 습관

1. 주말에만 운동하기

어느 정도 체중 감량 목표를 달성하고 나면, 서서히 나태해지기 시작한다. 특히 운동이 끝났다고 생각한 그 순간부터 '좀 쉬어야 한다'는 잠재의식이 자연스럽게 나타나기 때문이다. 극단적으로 말하자면, 운동을 하고 난 뒤 이틀이나 사흘 내에 다시 운동을 하지 않으면 이후의 다이어트 효과는 기대할 수 없다. 최소한 1주일에 2~3회 정도의 운동은 유지해줘야, 일단 요요현상을 막을 수 있다.

2. 다이어트하고 나면 먹고 싶었던 것들을 찾아 먹는다

다이어트 도중, 다이어트만 끝나면 기필코 먹으리라 다짐해둔 음식들이 있었을 것이다. 다이어트 때문에 극도로 자제한 원푸드 다이어트를 한 사람들의 경우, 대부분이 이런 이유로 요요현상을 자동으로 겪고 있다. 먹고 싶은 것을 참지 말되, 양을 조절하고, 내일도 모래도 먹을 기회는 얼마든지 있다는 여유를 갖는 것이 중요하다. 먹고 싶은 것을 한꺼번에 먹지 말고 조금씩 나누어 먹는 습관이 무엇보다 중요하다.

3. 비타민 등 영양제 보충을 멀리한다

운동을 하면서 꾸준히 비타민이나 영양제들을 먹었던 습관은 '몸 관리'라는 생

활 패턴을 이어나가는 데 큰 의미를 가진다. 운동과 식이요법을 병행하면서 부족한 영양분을 보충함으로써 효과를 지속해왔다는 것을 잊지 말고, 내 몸을 여전히 소중히 관리하고 규칙적으로 유지하려는 노력을 스스로 하고 있다는 다짐으로라도 비타민을 꾸준히 복용해준다면, 내 몸은 여전히 다이어트를 받아들일 준비를 하게 된다.

그리고 체중 조절과 운동 효과를 높이기 위해 단백질 제품을 복용하려 한다면, 지방 함량이 적은 제품을 골라 먹으려는 습관 또한 유지해야 한다. 이것은 아주 작지만 꾸준히 다이어트 체계가 몸에 배도록 하는 습관이 될 수 있음을 잊지 말자. 다이어트 이후에 올 수 있는 변비현상을 막기 위해 식이섬유를 먹어주는 것도 챙겨야 할 필수 항목 중의 하나다.

여 에스더 에스더 클리닉 원장

나의 자랑스러운 다이어트를 마감하다

마지막 건강검진을 위해 병원을 찾은 날, 나는 평소와 다름없이 운동을 하기로 약속하고 먼저 병원으로 갔다. 지금까지의 주간별 나의 몸무게 추이, 골밀도 추이, 체지방 변화 등이 잘 정리된 차트를 앞에 놓고 나는 요요현상을 겪지 않기 위해 주치의와 대화를 1시간여 나누었다.

"축하드려요. 정말 해내셨네요? 사실, 이렇게 결과가 좋으리라고는 상상도 못했어요. 병원에 처음 오셨을 때의 표정과 지금 표정이 너무 다르시네요. 밝아 보이시고 안색도 훨씬 좋으세요. 대개는 약이나 주사에 의존하기 쉬운데 너무 장하세요. 이러다가 저 같은 의사는 병원문 닫겠어요. 하하하."

드라마 한 편을 끝내고 드는 허탈감, 아쉬움, 내일도 촬영장으로 나가야 할 것 같은 당황스러움이 잠시 내 가슴을 훑어내리는 듯했다. 이제 나의 몸무게는 58.2kg! 5주간 7kg이 좀 넘는 몸무게를 감량한 것은, 사실 그리 대단한 수치는 아니다. 세상을 떠들썩하게 할 만큼 기적적인 기록은 아니지….

하지만 내게 있어서 이 결과는 정말 기적 같은 경험이 되었고, 다시 깨기 힘든 기록이 될 것이므로 너무나 만족스럽고 행복했다. 병원을 나서면서, 나는 이제 아파서 병원을 오갔던 이전과는 달리, 건강 체크를 위해 병원을 자주 찾아야겠다는 생각을 했다. 내가 그동안 병원을 너무 무서워하고 멀리해왔다는 생각, 병원은 무조건 돈을 써야 하고 급한 마음을 진정시키기 위한 대안이 있는 곳이라고 생각했던 고정관념도 이젠 없어졌다.

나는 다이어트 마지막 주 차에 정상식대로 먹으면서 한 끼를 생식으로 대용하고, 다시 된장을 양념 삼아 채식을 지속했다. 식사할 때 다양한 색깔의 과일과 채소를 함께 먹고, 변비 예방을 위해 장미차도 마셨다. 장미의 감미로운 향기와 함께 변비 걱정도 사라지고, 적게 먹어도 규칙적으로 배변할 수 있게 되어 이제 위경련도 걱정하지 않게 됐다.

마지막 주 마지막 날 운동을 하면서, 트레이너들은 마지막이라는 말을 절대 하지 않으려고 노력하는 듯 보였다. 하지만 "이제 다음 주부터는 집에서 가까운 헬스클럽에서 운동하세요. 드시고 싶었던 것도 드시고요. 잘 주무시고, 잘 드셔야 해요."

얼마나 고마운지…. 이제 나는 다음 주부터 익숙했던 이들과 떨어져 혼자 운동하게 되겠지. 맨 처음 내게 이 프로젝트를 제안했던 이 작가에게 비타민을 선물 받고, 일산 우리 동네 '월드 짐'에서 앞으로 내가 운동을 맘껏 할 수 있도록 배려해줬다는 소식도 더불어 들었다. 방송을 통해 나의 다이어트 과정을 지켜본 월드 짐 관계자가 선뜻 회원권을 선물했다는 것이다.

돈이 문제가 아니라, 앞으로도 나의 다이어트와 건강을 생각해주고 응원해줄 누군가가 기다리고 있다는 것이 고맙고 기분 좋았다. 나의 성공을 믿어 의심치 않았던 이들의 신념, 나를 응원해줬던 그 힘이 지금의 결과를 가져왔다고 생각한다.

나는 이제 나를 서서히 잊어가고 있는 중이다. 사람들은 나의 요요를 기다리고 있다. 그러나 나 박원숙은 지금부터 요요와의 두 번째 대결을 받아들여 당당히 승리할 것임을 다짐한다. 아침마다 복근이 자리 잡은 내 배를 바라다보면서, 이제 내 일생 어느 순간에도 도전만 한다면 해낼 수 있다는 확신을 스스로 느낄 수 있기 때문이다.

나의 지금 이 기분을 너무 지나치다고 생각하는 사람들이 있다면, 오늘 당장 그들에게 함께 다이어트를 하자고 권하고 싶다. 제대로 된 다이어트를 위해 도전해 볼 만한 투자를 각오한 그녀들에게 나는 또 한 번 당부하고 싶다. 다이어트는 생활이고, 습관의 변화이고, 절대 마음으로 늙지 않는 도전이라는 것을 말이다. 이렇게 나는, 나의 자랑스러운 다이어트를 마감했다.

"돈이 문제가 아니라, 앞으로도 나의 다이어트와 건강을
생각해주고 응원해줄 누군가가 기다리고 있다는 것이 고맙고
기분 좋았다. 나의 성공을 믿어 의심치 않았던 이들의 신념, 나를
응원해줬던 그 힘이 지금의 결과를 가져왔다고 생각한다."

Medical Fitness

다이어트 5주 차 운동

1 집중 복근 운동 : 매일, 5회씩

뱃살, 옆구리살 슬리밍 효과가 탁월한 운동이다. 냉증이 있는 사람은 전반적으로 복근이 약한 경향
이 있으므로 이 동작은 냉증 예방효과도 있다.

1. 누운 자세에서 무릎을 직각이 되게 굽힌 채 허벅지 뒤로 수건을 잡고 몸의 중심을 잡는다.
   깊이 호흡을 들이마시면서 복근을 최대한 조이고, 내쉬면서 최대한 부풀리는 동작을 실시
   한다. 이때 호흡은 복근이 등에 붙는 기분이 들 정도로 깊이 4회 들이마시고, 복근이 최대
   한 불룩 나오도록 깊이 4회 내뱉는다.
2. 무릎을 펴 든 상태에서 깊이 호흡을 들이마시면서 복근을 최대한 조인다. 좌우 다리를 앞
   뒤로 호흡과 함께 4회씩 교차해가며 움직인다. 이때 몸의 무게중심이 배 쪽으로 집중되도
   록 하고 시선은 배를 향하도록 한다. 또 허벅지 뒤 근육과 복근이 연결돼 움직인다는 느낌
   으로 복근의 힘으로 다리를 교차시켜야 한다.

다이어트 마지막 주에는 몸매를 예쁘게 디자인할 수 있는 복근운동과 같이 운동량이 많은 동작들을 실시한다. 그동안 다진 기본 체력과 만족스러운 보디라인을 만들어 가는 과정을 눈으로 확인하면서 앞으로의 운동에 대한 자신감을 얻는 것이 중요하다.

2 집중 트위스트 운동 : 매일, 5회씩

뱃살을 비틀어 배 전체와 옆구리 살 슬리밍 효과가 탁월한 운동이다.

1 누운 자세에서 두 다리는 직각 정도로 구부리고 머리를 들어 시선은 배를 바라본다. 이때 두 손은 포개 머리와 목이 연결되는 관절을 받친다.

2 숨을 깊이 들이마시면서 오른 팔꿈치가 왼 발꿈치를 향하도록 상체를 비틀어준다.

3 숨을 내쉬면서 ①의 동작을 취한다. 반대 방향도 마찬가지로 동작한다.

Last Die

3장

생긴 대로 그냥 살기엔 할 수 있는 것이 너무 많다!

다이어트를 하면서 많은 사람들이 피부와 얼굴이 망가져 가는 것을
경험해 봤을 것이다. 특히나 우리 또래나 아줌마들은 젊은 사람들보다
신경 쓰지 않으면, 살이 빠지면서 나빠지는 것이 바로 피부다.
노화가 오고 있기 때문에, 무턱대고 다이어트에만 집중하다 보면,
어느새 쭈글쭈글해진 자신의 얼굴을 마주하기 십상이다. 집에서 혼자서도
할 수 있는 피부 노화를 막는 방법을 알아보자.

in my Life!

부자연스런 피부 노화, 막을 수 있다

집에서 하는 피부 관리 노하우

　20대 이후부터 시작되는 내 몸의 노화, 슬픈 일이지만 인간은 흐르는 세월 따라 늙어갈 수밖에 없는 존재다. 적어도 지금까지는 그랬다. 하지만, 사람들마다 노화의 정도는 타고난 체질이나 관리 여하에 따라 다르게 측정될 수 있다고 한다. 요즘같이 젊어 보이는 동안 트렌드가 주목받는 때에 어딜 가도 좀 늙수그레해 보인다는 말을 듣지는 않는지. 그렇다면 과연 내 피부는 얼마나 늙었을까?

　피부 관리만 잘 해도 10년은 젊어 보인다는 말은 거짓이 아니다. 값비싼 피부과에서 케어받지 못한다고 해서, 좌절할 필요는 없다. 늦은 나이에 제대로 된 다이어트를 하면서 노화를 막기 위해 많은 방법을 동원했다. 그렇다고 해서 고가의 케어를 늘상 받을 순 없는 것이기 때문에, 주부들이 손쉽게 집에서 할 수 있는 다양한 방법들을 알려주려고 한다.

가끔씩 피부가 심하게 손상되었다면 피부과 전문 치료와 함께 전문 케어를 받아야겠지만, 일상생활에서 실천할 수 있는 것들만 챙겨도 여러분은 좀더 어린 피부를 가지고 지낼 수 있을 것이다. 젊었을 때부터 챙겼더라면 좋았겠지만, 지금이라도 늦지 않았다. 하루라도 더 챙겨주면 피부는 그만큼 조금씩 나아질 수 있다.

냉장고를 뒤져서 만드는 노화 방지 팩

나이가 들면서 얼굴과 목 언저리에는 자연스럽게 주름이 자리 잡고, 몸은 부쩍 피부가 얇아지며 탄력성을 잃는다. 전체적으로 바람 빠진 타이어 마냥 축 처져 보인다. 그러나 노화가 이미 시작됐다 하더라도 재생

시킬 수 있는 방법이 내 생활 주변에 얼마든지 있다! 바로 피부 재생을 돕는 성분이 들어 있는 재료로 규칙적으로 끊임없이 노력하는 것이다. 이때는 효과적인 재료 선택에 특히 신경 써야 한다. 피부를 재생시키는 데 효과적이며 동시에 건조한 피부 개선에도 좋은 팩을 직접 만들어보자.

1 두유 팩 두유에는 비타민 E가 가장 많이 들어 있는데, 비타민 E는 중요한 지용성 항산화제이다. 비타민 E는 산화에 대한 보호 능력 때문에 일종의 방부제 기능을 제공하고, 보습제로서 피부에 잘 흡수되어 좁은 혈관에 효과적인 친화력을 보여준다. 또한, 피부의 수분 결합능력을 개선시킨다. 거칠고 건조하고 손상된 피부의 외관을 개선시켜주며, 태양 노출에 따른 자극 방지에도 효과적이다.

재료 두유 3큰술, 밀가루 약간

만들기

1 두유에 밀가루를 조금씩 넣어 걸쭉하게 만든다.

간단한 피부 탄력 검사

엄지손가락과 집게손가락으로 손등을 5초 동안 잡아당겼다가 원상태로 복구하는 데 걸리는 시간을 재어본다. 20~30대는 1~2초 정도 걸리지만 40~50대는 3~5초 정도 걸리고 60대 이상은 10초 이상 걸린다.

2 얼굴에 거즈를 덮고 두유 팩을 바른다.

3 약 20분 후 거즈를 벗기고 깨끗한 스펀지에 물을 묻혀 얼굴을 닦는다.

2 체리 팩 비타민, 안티옥시던트, 안토시아닌이 풍부한 체리는 특히 껍질과 알맹이의 색상이 모두 붉은 항산화 물질로 노화방지에 효과가 있다. 특히 체리로 팩을 하면 짧은 시간에 노폐물을 흡수하고 피부를 깨끗하고 젊게 가꾸어 준다.

재료 체리 간 것 2큰 술, 오트밀 1작은 술

만들기

1 체리를 깨끗하게 씻은 후 껍질과 알맹이를 강판에 갈고 여기에 오트밀 가루를 섞어 걸쭉하게 만든다.

2 얼굴의 중앙 부분부터 고르게 펴서 바른다.

3 20분 정도 지난 후 미지근한 물로 씻어낸다.

3 율무 팩 율무는 곡류 가운데 단백질과 지질이 많이 포함되어 있는 식품으로, 피부에 윤기와 탄력을 준다. 따라서 꾸준히 먹어도 효과가 크지만, 피부에 직접 바르면 그 부분의 혈액순환이 좋아져 건조한 피부가 항상 촉촉한 피부로 바뀌게 된다.

재료 곱게 빻은 율무 가루 1큰술, 비타민 E1 캡슐, 뜨거운 물 약간

만들기

1 곱게 빻은 율무 가루에 비타민 E를 넣고 뜨거운 물을 걸쭉해질 정도
   로만 부어 섞는다.

2 얼굴에 거즈를 덮고 율무 팩을 바른다.

3 30분이 지난 후, 미지근한 물을 이용하여 깨끗이 씻는다.

4 사과 팩 비타민이 풍부한 사과는 특히 껍질과 알맹이 사이에 있는 얇은
막이 항산화 물질로 노화 방지에 효과가 있다. 사과로 팩을 하면 짧은 시
간에 노폐물을 흡수해 피부를 깨끗하고 젊게 가꿔준다.

재료 사과 간 것 2큰술, 오트밀 1작은술

만들기

1 사과를 깨끗하게 씻은 후 소금물에 2~3분 정도 담가 농약을 제거한
   다.

2 사과를 껍질째 강판에 갈고 여기에 오트밀 가루를 섞어 걸쭉하게 만
   든 후 얼굴에 바른다.

3 20분 정도 지나면 미지근한 물로 씻는다.

5 고구마 쌀뜨물 팩 비타민이 풍부한 고구마는 미백 효과는 물론 잡티 개
선과 기미 예방에 효과적이다.

재료 고구마(小) 1개, 밀가루 · 쌀뜨물 약간씩

만들기

1 고구마를 깨끗하게 씻은 후 강판에 갈아 밀가루와 살뜨물을 넣고 잘 섞어 걸쭉하게 만든다.

2 얼굴에 거즈를 덮고 고구마 팩을 펴 바른다.

3 30분 정도 지난 후 스펀지로 닦는다.

4 차가운 물로 세안한다.

6 거즈 없이 하는 바나나 · 달걀 노른자 · 토마토 마사지

재료 바나나 1개, 달걀, 들깨가루, 참기름, 토마토, 해초가루, 꿀

만들기

1 으깬 바나나 2큰술에 달걀 노른자 1개를 넣고 들깨 가루를 걸쭉할 정도로 섞어 얼굴에 전체적으로 펴 바른다.

2 달걀 노른자 1개에 참기름 1~2방울을 섞어 얼굴 전체에 펴 바른다.

3 토마토를 껍질째 강판에 갈아 곱게 으깬 다음 해초 가루와 꿀을 섞는다. 깨끗이 씻은 얼굴에 토마토와 해초 가루 섞은 팩을 고루 펴 바른다.

7 냉장고에 팩 재료가 아무것도 없다면 피부가 탄력을 잃지 않게 하기 위해서는 매일 5~10분 정도 물구나무서기를 한다. 피부 처짐도 방지하고 혈액순환에도 좋다. 이때는 옆에서 지켜봐주는 사람쯤은 필요하겠지?

냉장고 속 천연 재료들의 효능 및 효과

오이즙 수분 공급, 햇볕에 탄 피부 진정 작용

꿀 기미 생기고 건조한 피부에 각질 제거 및 보습 효과

요구르트 때를 제거하고 윤기와 탄력 제공

달걀 노른자 건조한 피부에 빨리 스며들어 부드럽고 촉촉한 피부를 만든다

달걀 흰자 모공과 처진 피부를 조여 탄력 있는 피부로 가꾸어준다

우유 미백 효과, 묵은 때와 각질 제거

녹차 우린 물 노화 방지, 미백, 여드름 · 트러블 방지

당근즙 햇볕에 타고 피곤에 지쳐 까칠해진 피부에 좋음

감자즙 햇볕에 탄 피부를 원래의 피부색으로 되돌려주며 진정 작용

이럴 땐 반신욕이 더 좋다

1. 어깨가 결린다 어깨 결림은 서양인에게서는 거의 찾아볼 수 없는 동양인 특유의 증상이라고 한다. 자세가 나쁜 것이 원인인 경우가 많은데, 어깨가 결리는 사람은 반신욕을 할 때 욕조에 앉아서 상체를 '숙였다가 들었다가' 하면서 많이 움직여준다. 목과 어깨를 가볍게 마사지 해주는 것도 근육의 긴장을 풀어줘 어깨 결림을 완화시키는 효과가 있다.

2 허리가 아프다 반신욕을 하면 하반신의 혈액순환이 활발해지고 체온이 상승하기 때문에 전신 근육의 긴장이 풀어지는 효과가 있다. 요통이 있는 경우, 급격한 온도 변화는 좋지 않으므로 욕실과 실내의 온도를 비슷하게 맞추어 놓은 상태에서 반신욕을 시작하는 것이 좋다. 반신욕 후에는 몸을 따뜻하게 유지하고 잠시 편안히 누워서 쉰다.

3 생리통 때문에 고민이다 생리통을 호소하는 여성은 몸이 냉한 경우가 많다고 한다. 생리통이 심한 경우 복부를 따뜻하게 해줘야 하는데, 배를 따뜻하게 하는 데는 반신욕이 아주 좋다. 복부 및 골반 부분의 혈액순환을 원활하게 해주어 생리통이 완화되기도 한다.

4 감기에 걸렸다 감기에 걸렸을 때 목욕은 효과적일 수 있으나, 아무리 따뜻한 물에서 목욕을 했다고 해도 물 밖으로 나오는 순간 한기가 들어 체온을 빼앗기기 쉬우므로 전신욕은 피한다. 그래서 반신욕이 더 좋은데, 상체를 상온에 드러낸 상태로 따뜻한 물에서 온몸을 이완시킬 수 있는 반신욕의 경우, 발한을 촉진시키고 노폐물 및 독소를 제거하며 전신의 기운을 균형 있게 유지하는 데 도움을 준다.

박석범 리더스 피부과 원장

따로 마사지할 시간이 없다면, 아침 경락을 하자

1 세안하고 바로 목 마사지 목 마사지는 얼굴 마사지 전에 반드시 해야 하는 기본 준비 과정. 목 마사지를 하면 기를 살리고 혈액순환이 좋아진다. 목 마사지만 매일 해도 목주름 예방뿐 아니라 얼굴 피부까지 좋아진다는 얘기다. 비누칠을 할 때 해도 좋은 방법이다. 손바닥으로 목 옆을 아래위로 강하게 문지른다. 그런 다음 양 손바닥을 서로 엇갈리면서 목 뿌리에서부터 턱 선을 향해 아래에서 위로 쓸어 올린다.

2 스킨, 로션 바른 다음 볼 마사지 나이 들면서 가장 처지기 쉬운 부분이 바로 볼살이다. 문제는 노화를 겪으면서 피부가 처지면 동시에 모공까지 넓어진다는 점이다.

스킨과 로션을 바를 때는 얼굴 안쪽에서 바깥쪽으로, 아래에서 위로 밀어 올리듯이 바른다. 그리고 검지와 중지를 이용해 코 옆에서 광대뼈 밑을 따라 귀까지 살살 마사지 해준다. 꺼진 볼이라면 검지와 엄지로 볼살을 꼬집듯이 가볍게 잡아 경쾌하게 튕겨주고, 볼살이 통통하다면 볼을 잡아 천천히 비틀어준다.

3 아이크림 바른 다음 눈 마사지 얼굴 중에서 가장 노화가 빨리 오는 부분이고 가장 눈에 띄어 보기 흉한 것이 바로 눈주름이다. 매일 아침과 저녁

에 눈 마사지를 해주면 피로가 누적되지 않아 눈가 잔주름 예방에 효과
적이다. 눈 앞쪽은 3초 정도 세게 눌러주고, 양 손바닥을 열이 나게 비벼
눈 위에 가볍게 얹어 안쪽으로 바깥쪽으로 10회씩 마사지 해준다.

4 에센스 바른 다음 코와 입 마사지 코 마사지는 콧날을 오똑하게 만들어
준다. 코 주위에 지나치게 열이 몰리면 귀나 눈의 노화도 그만큼 빨라진
다. 따라서 코의 열을 분산시켜줘야 한다. 코와 입을 연결하는 팔자주름
도 나이보다 늙어 보이게 하는 원인이다. 검지로 코 옆의 펑퍼짐한 살들
을 콧등 쪽으로 천천히 밀어 올린다. 이때는 강도 있게 밀어준다. 그 다
음은 콧등 선을 따라 손가락을 엇갈리면서 문지른다. 그리고 콧방울 옆,
인중, 입가 양쪽을 차례로 꾹꾹 눌러준다.

집에서 하는 노화방지 노하우

1. 노화방지 천연 팩 마사지

2. 세안 후, 화장시 아침 경락 마사지

5 모든 기초화장 끝나고 얼굴선 정리 기초화장이 끝나면 손바닥을 비벼 따뜻하게 한 후 '볼 – 이마 – 눈'의 순으로 가볍게 비벼주듯 마사지한다. 얼굴이 따뜻해지면서 혈액순환이 좋아져 혈색도 좋아지고 화장품이 잘 흡수되도록 돕는다. 그리고 따뜻해진 양 손바닥으로 얼굴을 감싼 후 턱에서부터 이마 쪽으로 밀어 올려줘 얼굴선을 정리하는데, 너무 세게 밀면 눈가와 입가에 주름이 생기므로 주의해야 한다.

젊어지려거든 마늘, 체리,
브로콜리, 적포도주를 먹어라!

최근에는 항산화 물질이 노화를 늦춰준다는 연구 결과가 나오면서 항산화제에 대한 관심이 급증하는 추세다. 항산화 물질이 마치 쇠파이프에 녹이 슬듯 인체의 세포를 노화시키는 활성산소를 막아내는 구실을 한다.

이와 함께 항산화 물질을 함유하고 있는 식품에 대한 인기도 덩달아 상종가를 달리고 있다.

채소나 과일에는 피부 미용에 좋고 혈액이 맑아지는 것은 그 속에 항산화 물질이 많이 함유돼 있다. 특히 마늘, 양파, 고추냉이, 무, 브로콜리, 체리 등의 채소와 적포도주가 강력한 항산화제 구실을 한다. 적포도주는 하루 2~3잔 정도가 적당하다. 특히 체리의 경우는 노화방지 성분(안티 옥시던트)이 풍부해 세포나 조직이 손상되는 것을 방지하고, 체리로 팩을 하게 되면 특유의 향을 더하고 머리를 맑게 해주는 효과가 있으며 멜라토닌 성분으로 숙면을 취하게 해주기 때문에 노화를 방지하는 최적의 과일이다.

또 녹차, 홍차 등의 차를 자주 마시면 노화 속도가 늦춰진다는 연구사례도 발표됐는데, 이는 차 속에 든 폴리페놀과 같은 항산화제 성분이 노화를 촉진하는 활성산소를 막아주기 때문이다.

이 밖에도 콩, 현미 등의 배아, 참깨, 율무 등의 식품류에도 항산화 물질이 풍부하게 들어 있다.

한편 강력한 항산화 작용을 하는 셀레니움이 미네랄 워터를 통해서 얻을 수 있다는 사실이 알려지면서부터 물을 이용한 노화방지에도 관심이 쏟아지고 있다. 하지만 항산화 음식을 섭취하는 것보다 더 중요한 것은 금연 등 활성산소의 생성 자체를 억제할 수 있는 생활습관을 갖는 것임을 명심하기 바란다.

장경애 리더스 에스테틱 원장

집에서 하는 노화 방지 목욕법

피로회복을 위해서도 많이들 실시하는 목욕도 잘만 하면 노화방지에 효과적으로 활용할 수 있다. 이전에는 드라마나 영화 촬영 후, 집에 돌아오면 제대로 씻지도 못하고 곧장 골아떨어지기 일쑤였던 버릇을 다이어트를 하면서 고치고, 몸에 좋은 목욕법을 습관화 했다.

이럴 땐 그냥 하는 샤워가 아니라 욕조를 이용한 목욕과 반신욕이 몸에 더 좋다. 대충대충 하는 샤워만 매일 하면 몸의 수분이 증발해, 피부 노화를 더욱더 앞당길 수도 있으니, 깐깐히 씻는 버릇을 들이도록 하자. 그것이 건강을 불러오기도 하니 말이다.

욕조 목욕

목욕 자체가 회춘에 큰 도움이 된다는 것은 잘 알려진 상식이다. 이는 목욕이 피의 흐름을 촉진시켜 신진대사를 활성화시키기 때문인데, 비싼 돈 안 들이고 집에서도 효과적으로 할 수 있는 노화 방지 목욕법에 대해 알아본다.

주의사항 1 – 입욕을 피해야 할 시간 : 욕조 목욕을 언제 해야 효과적이라는 원칙은 없다. 그러나 반드시 피해야 할 시간은 있다. 바로 식전 · 식후 30분으로, 식전 입욕은 위산분비를 억제해 소화능력을 저하시키고, 반대로 식후 바로 뜨거운 입욕을 하면 내장에서 활동하는 혈액이 세포의 혈관으로 모이게 돼 소화 흡수작용을 둔화시킨다.

주의사항 2 - 욕조에서 몸을 불리고 때를 밀지 마라 : 욕조 안에서 몸을 불린 뒤 때를 민다든지 사우나를 지나치게 자주 하는 등 잘못된 목욕 습관 때문에 젊은 나이에도 피부건조증으로 고생하는 이들이 많다. 이런 경우 피부의 보습과 탄력을 포함하고 있는 각질층까지 손상돼 수분증발을 막지 못하기 때문에 피부가 쉽게 건조해진다. 피부건조증은 곧 노화로 통하니 이제부터는 심한 때밀이는 삼가도록 한다.

반신욕

반신욕은 하반신을 따뜻하게 함으로써 체온의 균형을 잡아주고 전신의 혈액순환을 좋게 해 신진대사를 촉진한다. 37~38도의 미지근한 물에 가슴 아래만 20~30분간 담그면 되는데, 상체가 춥다고 느껴지면 20~30초간 상체까지 물에 담가 따뜻해지면 다시 반신욕을 한다. 반신욕은 하반신과 내장 기능을 좋게 만들어 여성의 생리불순이나 갱년기 장애 등에 효과가 있다.

또한 목욕 본연의 기능인 피부 표면과 모공 속의 노폐물 제거, 근육 이완은 물론 어깨 결림, 요통, 감기 등의 증상에도 효과가 있다. 특히 고혈압이나 심장질환 환자에게는 전신욕보다 반신욕이 좋다.

목욕물 온도에 따른 효과

운동 후나 근육 관절에 통증이 있을 때 45~40℃

몸이 피로할 때 37℃

신경과 근육을 진정시키고자 할 때 35~30℃

원기를 북돋우고 상쾌한 느낌을 얻고자 할 때 35~20℃

몸이 나른해 자극을 원할 때 21~18℃

족탕

찬물과 더운물에 번갈아 발을 담그는 '발 냉·온욕'은 발이 붓거나 냉증이 있는 사람에게 특히 좋다. 40~43도의 약간 뜨거운 물에 발목 아랫부분을 10~20분간 담근다. 20분이 지나도 땀이 잘 나지 않을 경우 더운 생강차를 준비해 마시면 도움이 된다.

냉·온욕

냉탕과 온탕을 오가는 목욕 방법이다. 이 방식은 젊은 연예인들 사이에서 다이어트에 좋기로 소문이 나 한동안 목욕탕에서 이리 뛰고 저리 뛰는 여인네들이 붐을 이루었을 정도로 효능 좋은 목욕법의 하나로 알려져 있다.

냉·온욕을 할 때는 냉탕에 1분, 온탕에 1분 동안 몸을 담근다. '7온8냉'이라 하여 냉탕에 8회, 온탕에 7회 담그는 것이 좋고 반드시 냉탕에서 시작해 냉탕으로 끝내야 한다. 온탕으로 끝내면 모공이 열려 찬 기운에 노출될 우려가 있다.

물의 온도는 온탕이 40℃ 정도, 냉탕은 15℃ 정도가 적당하다. 냉·온욕은 기의 순환을 촉진해 몸의 저항력을 높이며 혈액순환을 원활하게 해준다. 신진대사가 활발해져 지방의 연소를 촉진하기 때문에 살 빼는 데도 효과가 있다.

생활습관을 바꾸면 피부 노화를 방지할 수 있다!

1 실내, 실외 어디서든, 자외선을 피하자! 광노화와 색소문제의 주범인 자외선. 피부를 지키고 싶다면 외출 전 자외선 차단제는 필수다. 특히 자외선 차단제를 바른 후라도 눈가의 주름은 다른 곳보다 빨리 진행되므로 장시간 햇빛에 노출 될 때는 선글라스를 착용하는 것이 좋다.

2 웃는 얼굴이 노화방지에 최고! 인상을 쓰지 말자! 표정 주름을 악화시키는 평소 습관을 점검하자. 무의식 중에 찡그리는 이마에는 깊은 주름이 생기기 쉽고, 긴장감 없이 축 처진 얼굴은 나이보다 늙어 보이기 일쑤이다. 항상 웃고 긴장된 표정은 얼굴에 탄력을 준다.

3 절대 흡연을 하지 말자 노화에 직접적인 영향을 주는 흡연은 자외선과 함께 피부노화의 주범으로 꼽힌다. 담배를 피우는 사람은 피우지 않는 사람에 비해 주름이 생길 확률이 2~3배 더 높다. 노화를 막고 싶다면 금연은 필수.

4 규칙적으로 자고, 먹고, 운동하자 불규칙한 생활 속에선 노화 시계가 더욱 빨라진다. 충분한 수면과 휴식, 적당한 운동을 함께 할수록 노화가 방지된다.

5 항산화제를 섭취하자! 비타민을 꾸준히 복용하는 것만으로도 피부의 탄력저하나 색소 침착, 주름 등의 노화현상을 늦출 수 있다. 특히 비타민 A, B, E는 노화를 가속화하는 유해산소를 차단하는 항산화 작용을 한다. 식품으로 섭취하는 것만으로는 모자라는 부분이 있을 수 있으므로 비타민제를 복용하는 습관을 들이는 것이 좋다.

6 화장품을 제대로 쓰자 화장품도 제대로 바르지 않으면 바르지 않으니 못하다. 특히 피부를 자극하는 마사지는 크림을 듬뿍 바르고 조심스러운 손길로 해야 한다. 각질 제거도 너무 자주 하면 피부에 무리를 준다. 화장수는 화장솜에 묻혀 바르고 로션, 크림은 모두 톡톡 두드려 흡수시킨다. 완전히 흡수시키지 않은 채 다른 화장품을 바르면 오히려 주름이 생길 수 있으므로 주의해야 한다.

7 긍정적인 사고, 스트레스를 받지 말자 과도한 스트레스는 노화뿐 아니라 만병의 근원으로 알려져 있다. 이처럼 스트레스를 받게 되면 걱정과 한숨이 많아지고, 피부에도 주름이 늘어나고 안색이 창백해지는 등 다양한 노화신호가 오게 된다. 현대 병이라고 불리 우는 스트레스는 그때그때 해소하는 것이 가장 좋다.

8 원 푸드 다이어트, 과도한 다이어트는 금물 잘못된 다이어트로 피하지방층

이 급격히 감소되면 피부는 탄력을 잃고 주름이 생겨 노화가 찾아오게 된다. 나이가 들어감에 따라 운동량이 줄어들어 체중이 늘게 되어 많은 이들이 다이어트에 관심이 크지만, 과도한 다이어트는 노화를 촉진시키는 역할을 하므로, 의사나 전문가의 처방에 따른 자신에게 알맞은 다이어트를 하는 것이 중요하다.

9 PC나 가전제품에서 나오는 전자파를 차단한다 전자파는 습진 등의 피부질환과 조기 노화의 원인으로 평소 생활 속에서도 조금만 주의하면 노화를 예방할 수 있다. 컴퓨터 모니터에서 60cm 이상 떨어져 있는 것이 좋고, 사용이 뜸한 전자제품은 플러그를 뽑아 놓는 등의 생활 속 규칙을 정해서 지키는 것이 좋다.

10 단백질 식품을 많이 섭취하라 단백질은 다이어트에도 중요한 영양소일 뿐만 아니라, 피부노화를 방지하는데 가장 중요한 영양소이기도 하다. 우리 몸의 단백질은 3분의 1이 콜라겐 구조를 갖고 있다. 콜라겐은 많은 사람들이 알고 있는 것처럼 노화예방에 좋은 성분이다. 우리 몸의 근육이나 관절, 피부 등 여러 곳에서 면역기능을 향상시키고, 세포 재생을 촉진시켜 신진대사를 원활하게 할 뿐만 아니라, 피부탄력을 주는 것이 바로 콜라겐, 단백질이기 때문이다.

장경애 리더스 에스테틱 원장

내 스타일에 맞게
다이어트를 하자

얼굴형에 따른 슬리밍 노하우

나이가 들어감에 따라 얼굴형도 묘하게 바뀐다. 나잇살은 보통 얼굴살을 홀쭉하게 만들고, 죄다 뱃살이나 몸통 쪽으로 지방이 몰리기 때문이다. 젊어서는 볼이 통통했는데, 또는 턱살이 잔뜩 붙었었는데… 하던 이들도, 30대 이후에는 얼굴만이 아니라 체형까지 달라지는 것을 경험할 것이다. 그것은 여성들이 사회생활, 출산, 육아, 살림 등으로 인해 원래 가지고 있던 자신의 자연스러운 체형에서 많이 달라져 건강을 잃었기 때문이기도 하다.

얼굴이든 몸이든 자신에게 맞아야 그 결과 역시 크다. 이번에 다이어트를 실시하면서 깨달은 얼굴형과 체형에 관한 다이어트 노하우를 살짝 공개하기로 한다. 여기에 직업적으로 얻은 얼굴이 작아 보이는 슬리밍 메이크업 노하우까지!

잘 붓고 달덩이 같은 얼굴

특징

밤에 물을 먹고 자면 다음 날 얼굴이 부어 있다.

땀을 잘 흘리지 않는다.

몸에 비해 얼굴에 살이 쉽게 찌고 잘 빠지지 않는다.

수분 섭취량에 비해 화장실 가는 횟수가 적다.

짠 음식을 좋아한다.

대책

혈액순환이 제대로 되지 않아 붓는 타입이므로 염분이나 알코올 같은 자극적인 음식을 피하고 신진대사에 좋은 시금치나 무, 당근, 바나나 등을 자주 먹는다. 대사를 원활하게 하기 위해 욕조에 몸을 담그는 습관도 좋다.

축축 처지고 잘 늘어지는 얼굴

특징

피부색이 칙칙하다는 얘기를 자주 듣는다.

피부가 푸석푸석하고 탄력이 없다.

입 주변의 피부가 쉽게 늘어지고 주름이 많다.

고개를 숙이면 턱이 겹친다.

대책

피부가 탄력을 잃어 안면근육이 약해진 경우다. 이런 사람들은 자외선 차단에 신경 쓰고 인공 첨가물이 들어 있지 않은 자연식을 하는 것이 좋다. 자주 웃어 표정 근육을 운동시켜준다.

빵빵하고 통통한 얼굴

특징

얼굴에 조금만 살이 붙어도 옆으로 퍼져 보인다.

볼살이 딱딱하고 잡으면 아프다.

허벅지와 팔뚝이 굵다.

단 음식을 습관적으로 먹는다.

운동을 별로 좋아하지 않는다.

식사 중 볼 안쪽 살을 깨물 때가 많다.

대책

이런 형태의 얼굴형을 가진 사람들은 얼굴 근육이 아랫부분에만 집중된 경우가 많다. 칼로리를 너무 많이 섭취해 지방이 늘어나 얼굴이 커진 것이므로 칼로리가 높은 음식은 피한다. 몸까지 너무 뚱뚱하다면 전체적으로 다이어트를 해야 하므로 이런 얼굴형은 오늘부터 당장 체중 감량을 시도해보자.

안면근육 운동 '얼굴 다이어트 체조'

1단계 – 얼굴 근육 풀기

1 눈을 가볍게 감고 얼굴 근육을 부드럽게 푼다.

2 눈·코·입 근육을 모두 코 쪽으로 모아 5초 동안 그대로 있다가 5초가 지나면 기본 얼굴로 돌아간다. 이 동작을 3회 반복한다.

3 얼굴 전체를 위아래로 펴는 것처럼 눈을 크게 뜨고 시선은 위를 향하게 한다. 입도 세로로 벌렸다 오므리기를 5초씩, 3회 반복한다.

4 혀를 이로 가볍게 누르고 한쪽 눈만 살짝 감고 5초 동안 있다가 기본 얼굴로 돌아간다. 이때 볼이 움직이지 않도록 한다. 좌우 3회씩 동작한다.

2단계 – 얼굴형법 체조

네모난 얼굴 체조

1 손바닥을 마주 비며 열을 내 양쪽 얼굴에 댄다. 네모진 턱뼈를 바로 잡고 볼살을 빼는 데 효과적이다. 20회 반복한다.

2 턱을 약간 들고 엄지는 귓불 뒤쪽에, 검지는 앞에 대고 귓불을 앞뒤로 돌린다. 30회 반복한다.

3 입을 다물고 키스하는 것처럼 입을 앞으로 내민다. 볼이 패도록 양볼을 입 안으로 깊이 빨아들인다. 그리고 입술이 안 보이도록 안으

로 말아 물고 입 끝을 양옆으로 늘인다. 숨을 들이마시면서 5초간 멈춘다. 다시 5초 동안 자연스러운 표정으로 돌아가는 식으로 5회 반복한다.

4 입을 가볍게 다물고 턱을 위로 올린 다음 5초간 천천히 아랫입술과 턱을 위로 올리면서 내밀고, 입술 아래 근육을 동그랗게 모아 5초간 정지한다. 그 다음 5초 동안 천천히 자연스러운 표정으로 되돌아가길 5회 반복한다.

이중 턱 얼굴 체조

1 입을 가볍게 다물고 천장을 보면서 턱의 근육을 편다. 입을 벌리고 혀를 위로 길게 뺀 상태로 5초간 그대로 정지한다. 5초간 천천히 자연스러운 표정으로 돌아가기를 3회 반복한다.

2 손가락을 살짝 주먹 쥐듯 쥔 상태로 귀 뒤에서 아랫턱까지 꾹꾹 눌러준다. 이 동작을 30회 이상 반복한다.

3 고개를 앞으로 쭉 내밀고 윗입술과 아랫입술을 포개 안으로 집어넣어 5초간 멈춘다. 이 동작을 10회 반복한다.

4 손바닥을 이용해 목 아래에서 턱선 방향으로 아래위 마사지 한다. 상하 20회 반복한다.

목이 두꺼운 얼굴 체조

1 얼굴을 약간 든 채 주먹을 쥐고 귀밑과 목 옆을 꾹꾹 눌러준다. 약간
통증이 느껴질 정도의 강도로 10회 반복한다.

2 턱 밑에서 목 전체를 손가락 끝으로 톡톡 두드려준다. 5분 정도 반복
하면 목 근육이 잘 풀린다.

집에서 하는 '작은 얼굴 만들기' 셀프 지압법

얼굴을 작게 만드는 데 좋은 지압법

1 귀와 얼굴이 연결되는 가운데 부분을 가운데 손가락으로 3~5초 동안 지그시 누른다. 이 부분은 머리에서 얼굴로 내려가는 모든 신경이 거쳐 가는 곳으로 소장과 연관되어 있어 마사지를 수시로 해주면 지압은 물론 비만 해소에 효과적일 뿐 아니라 신경과 혈액의 흐름도 좋아진다.

2 정면을 바라본 상태에서 눈동자 연장선과 코 끝의 연장선이 직각으로 만나는 부분을 꾹꾹 눌러준다. 이 부분은 위와 관계되어 있어 식욕을 조절해주고 얼굴 순환을 좋게 하여 볼 살을 빼는 효과가 있다. 또한 이 부분을 지압하면 코 막힘에도 효과적이다.

3 지압점을 누르는 모든 동작은 숨을 내쉬면서 손가락 혹은 다른 기구를 이용해 3~5초간 지그시 눌러주는 것을 기본으로 한다. 특별히 정해진 시간이나 횟수에 구애받을 필요는 없다.

얼굴을 작게 만드는 데 좋은 생활 습관

1 연극 배우들의 단련법, '아-에-이-오-우' 체조

우리가 평소 사용하는 얼굴 근육은 사실 그리 많지 않다. 얼굴 근육을 운동시키려면 작은 소리로 소곤소곤 말하기보다 '아-에-이-오-우' 등 입을 크게 벌려 큰 소리로 절도있게 발음하는 연습을 한다. 그러면 얼굴 살도 자연스럽게 빠진다. 익숙해지면 복식호흡도 가능해져 연극배우들이 정확한 발음과 호흡법을 익히는 데 쓰기도 하는 방법이다. 이 동작의 특징은 남이 보든 말든 흉하든 흉하지 않든 얼굴에 근육통이 일어날 정도로 입을 크게 움직이는 것이 포인트이다.

2 틈만 나면 거울 보면서 표정을 연습한다

최대한 안면 근육을 자주 움직여 얼굴이 살찔 틈을 없애준다. 거울 보면서 생긋 웃는 표정을 짓거나 찡그리는 식으로 근육을 자주 풀어주는 것이 좋은데, 디지털 카메라나 휴대폰 등의 셀프 카메라를 이용해보는 것도 좋겠다. 사진을 예쁘게 찍는 방법도 터득하고 나에게 가장 어울리는 표정도 익숙해지면 자연히 예뻐질 수밖에 없지 않을까?

3 어깨 운동으로 목 근육을 풀어 턱 선을 정리한다

뭉친 목 근육을 풀어주면 턱 선이 훨씬 갸름해진다. 뭉친 목 근육을 풀어주려면, 두 팔로 나를 감싸 안듯 교차시켜 어깨를 감싸고 팔꿈치를 어깨 높이만큼 올린 후 천천히 어깨로 8자를 그리되 머리는 움직이지 않도록 주의한다. 이 동작을 매일 2분 정도 실시하면 효과적이다.

얼굴이 작아 보이는 메이크업

둥근 얼굴

　둥근 얼굴은 귀여운 이미지를 풍긴다. 전체적으로 얼굴 윤곽이 둥글며 이마는 폭이 좁고 낮은 경우가 많은데, 이런 얼굴형은 피부를 희고 곱게 표현하며 코가 길어 보이도록 하이라이트를 주고 얼굴에 음영을 줄 수 있는 얼굴 라인 쪽 섀도를 활용해 얼굴 전체가 갸름해 보이도록 한다. 윤곽을 나타내기 위한 섀도는 지나치면 도리어 둥근 얼굴을 더욱 강조할 수 있으니 메이크업을 하면서 본인이 보기에 섀도가 잘 안 느껴질 정도로만 칠한다.

　따뜻하고 엷은 색을 눈두덩에 발라주고 진한 색을 쌍겹 부위에 덧칠해준다. 눈 화장을 할 때는 아이라인을 짙은 브라운이나 검정 펜슬로 아래위를 모두 확실히 그려준 뒤 마스카라를 진하게 발라준다. 눈썹은 짙은 회색이나 밤색으로 눈썹

산에 커브를 그려준다. 립스틱은 연분홍색을 이용하여 귀엽고 사랑스러운 이미지를 살리는데 둥근 얼굴의 경우는 입술을 작게 좋은 효과를 준다. 볼 터치는 귀 윗부분에서 구각보다 약간 위쪽을 향하여 세로로 길게 발라주는데, 이때는 둥근 느낌을 강조하지 말고 세로 길이를 강조하는 느낌으로 메이크업해야 한다.

긴 얼굴

얼굴선이 길어 고전적이며 지적인 이미지를 풍긴다. 긴 얼굴형은 여성스러움과 함께 성숙한 인상을 주므로 자칫 나이 들어 보이기 쉽다.

그러므로 무엇보다 피부 표현에 신경 써야 하는데, T존은 밝은 파운데이션으로 표현하고 이마와 턱에는 섀도를 발라 얼굴 길이를 줄여준다. 또한 광대뼈를 중심으로 갈색 톤이나 주황색 톤을 가로로 넓게 펴 발라주면 긴 얼굴을 커버할 수 있다.

눈 화장할 때 눈썹은 가능한 한 일자로 그려 가로 이미지를 느낄 수 있게 하며, 검은색보다는 진한 갈색으로 표현하는 것이 좋다. 연한 색으로 베이스를 칠한 뒤 눈이 좀 더 넓어 보이도록 짙은 톤 아이섀도를 눈꼬리 쪽에 바른다. 립스틱을 바를 때는 입술 모양을 부드러운 느낌의 곡선형으로 그리는 게 좋지만 너무 동그랗게 그리거나 크게 그리지 않도록 한다.

역삼각형 얼굴

역삼각형 얼굴은 도시적이고 세련된 이미지를 풍긴다. 이러한 형은 예쁜 얼굴형에 속하는데, 내추럴 메이크업은 소녀 이미지를, 진한 메이크업은 모던한 이미지를 연출할 수 있다. 피부 표현을 할 때는 T존과 눈 밑에 하이라이트를 주고 이마 양 옆과 턱에 섀도를 발라준다.

아이섀도는 베이지 컬러를 눈두덩에 펴 바른 뒤 중간 베이지를 이용해 위 눈꺼풀에 직선 느낌으로 발라준다. 그다음 초콜릿색이나 짙은 보라색으로 액센트를 준다.

눈썹은 진회색으로 눈썹 길이의 1/2 부

위에 눈썹 산을 그리거나 눈썹 산을 둥글
게 처리해주는 것이 바람직하다. 입술은
연갈색 립스틱으로 선을 깔끔하게 그린 뒤
짙은 밤색 립스틱으로 채워줘 입술이 좁아
보이지 않게 한다.

볼 터치를 할 때는 광대뼈 약간 위쪽의
눈동자 바깥 부분부터 좁게 발라준다.

사각형 얼굴

활동적인 이미지의 사각형 얼굴은 전체
적으로 얼굴에 비해 폭이 넓으므로 평면적
인 느낌을 준다. 따라서 이런 얼굴형은 건
강한 피부색 표현에 중점을 두는 것이 관
건이다.

턱이 각진 부분만 어두운 색으로 발라주
고 중앙은 밝은 피부색 그대로 둔다. 눈 화장을 할 때는 눈썹은 둥글게 하
여 완만한 느낌이 들도록 하고 양 눈썹의 간격을 약간 벌어지게 그려도
좋다. 눈 화장은 눈썹 꼬리와 직선이 되도록 하며 눈꼬리 쪽을 강조하여
약간 치켜 올리듯 표현하는 것이 좋다.

립스틱을 바를 때는 폭을 넓게 하여 볼륨을 주고 길이는 짧게 칠해준다. 볼 터치는 입술 끝에서 귀를 향해 폭넓게 발라주는데, 핑크 톤이나 갈색 톤 모두 적당하다.

각진 사각형 얼굴은 자연스러운 메이크업보다는 강하고 뚜렷한 메이크업으로 원숙한 느낌을 표현함으로써 자신의 개성을 돋보이게 할 수 있다.

비만 상태에 따라 다이어트 방법이 다르다

상반신과 하반신의 균형이 깨지면 다리 모양이 보기 싫어지는 것은 물론이고 어깨 결림, 요통, 악관절증, 생리통, 냉증을 일으키는 등 건강에도 나쁜 영향을 준다.

상체 비만

전체적으로는 몸이 날씬한데 상체만 살이 찐 경우는 잘못된 다이어트법이나 식습관이 원인일 수 있다. 영양가가 없는 한 가지 식품만 먹는 다이어트를 장기간 계속하거나 쉽게 물살이 되는 인스턴트 식품, 된장국, 감자튀김이나 탄산음료를 과다 섭취하는 사람들에게서 많이 나타난다.

상체 비만의 경우 복부 비만인 사람이 대부분이므로 다이어트를 가장 많이 실시하는 부류에 속하는데, 요요현상을 막기 위해서는 1주일에 몇 kg씩 빼는 무리한 다이어트보다는 한 달에 1~2kg 정도로 조금씩 감량하는 것이 좋다.

식단 개선 대책 – 단백질과 칼슘 위주 식단으로 바꿀 것

상반신만 다이어트를 하려면 무조건 굶지 말고 근육과 뼈를 강화시키는 다이어트를 해야 한다. 단백질과 칼슘 위주의 식단으로 에너지 섭취량을 조절하며 운동을 병행하는 것이 좋다.

운동법 개선 대책 – 도구 이용한 생활 체조

아령이나 생수통을 이용해 몸에서 열이 날 정도로 운동을 하면 몸속 지방이 연소된다. 단, 식사 후 2시간 이내에 운동을 하게 되면 몸의 지방이 연소되지 않으므로 주의한다.

하체 비만

상체에 비해서 엉덩이와 허벅지, 종아리 등 하체의 비만도가 심한 것을 말한다. 하체 부위는 심장에서 멀고 중력의 영향으로 상체보다 상대적으로 혈액순환이 안 되는 부위이다. 지방의 분해는 혈액 내에서 일어나므로 혈액순환이 안 되면 쉽게 살이 찐다.

여성의 경우 임신과 출산, 수유에 대비하고 자궁을 보호하기 위해서

태생부터 엉덩이와 허벅지 주위에 지방이 많이 축적된다. 또한 하체는 부종이 생기기 쉬운 부위라 부종을 제때 완화시켜주지 못하면 부종이 살이 되어 하체 비만이 되기도 한다.

식단 개선책 – 식물성 지방, 섬유질, 싱거운 식단으로 바꿀 것

하체 비만의 경우, 혈액순환에 좋은 음식을 잘 챙겨 먹는 것이 중요하다. 생선·미역·다시마 같은 해조류, 호두·잣 등 식물성 지방은 혈액순환을 좋게 해 하체 비만을 막는 데 도움을 준다.

하체 비만의 원인이 될 수 있는 부종을 막기 위해서는 짠 음식을 피하고 싱겁게 먹는다. 변비가 심한 사람일수록 하체 비만이 되기 쉬우므로 변비 예방을 위해 섬유질이 많은 야채를 많이 먹는다.

운동법 개선책 – 걷기, 유산소 운동과 하체 운동

빨리 걷기는 대표적인 유산소 운동으로 다이어트에 매우 효과적이다. 특히 하체 비만형에게 아주 좋은데, 20분씩 두 차례로 나눠 빨리 걷기를 꾸준히 해주는 것이 좋다.

그리고 누운 자세든 앉은 자세든 서 있는 자세든, 다리를 폈다 굽혔다를 자주 반복해주는 것이 좋은 운동법이다. 하체 혈액순환을 좋게 하기 위해 족욕이나 반신욕을 하는 것도 좋다.

부종부터 체크하고 운동을 시작하자!

운동을 해도 하체살이 빠지지 않고 다리가 항상 붓는다면 비만 이전에 부종일 가능성이 많다. 부종의 원인은 여러 가지가 있으나 가장 큰 원인은 체액의 순환장애이다. 체액은 혈액과 림프액으로 구성되는데, 이곳의 순환이 제대로 안 되면 몸의 분비물의 전달되지 않고 몸 일부분에 혈액 및 림프액 등이 고여 다리가 붓고 뻐근하다.

그러므로 다리에 부종기가 느껴진다면, 하체 다이어트를 시작하기 전에 부종부터 치료하는 것이 필요하다.

다이어트의 성공 가치 기준 또한 사람마다 다르다.

나는 부자가 되어 보기도 했고, 가난뱅이 빚쟁이가 되어 보기도 했다.

그러면서, 부자도 사람이 만들고, 가난뱅이도 사람이 만든다는 생각을 한 적이 있었다.

참 우습게도, 다이어트도 부자 되는 것 못지않게 인생의 길을

행복하게 하는 것이었구나 하는 사실을 새삼 깨달으며, 내 인생에는

아직도 깨닫고 치러내야 할 뭔가가 많을 것이라는 생각이 스쳐갔다.

살아가면서 한 번쯤 성공하고 싶은 사람들에게 나는,

다이어트가 가장 쉬운 목표였노라고 말하고 싶다.

실패하더라도 감내해야 할 눈물이 없고, 기억 때문에 현재를 불안해하며

살지 않아도 되고, 섣부른 재도전을 다시 꿈꾸기에 주저할 이유가

없는 것이 바로 다이어트이기 때문이다.

내 생애 마지막 다이어트

초판 1쇄 발행 2006년 12월 5일
지은이 박원숙

발행인 최동욱 · **총편집인** 이현상 · **편집인** 김우연
편집장 김옥영 · **기획** 나우엔터테인먼트
구성 이은수 · **진행** 전서연
표지 사진 STON STUDIO 박광석
디자인 All Design(02-776-9862)
일러스트 김묘현

인쇄 미래프린팅

펴낸 곳 랜덤하우스코리아(주)
주소 서울 중구 정동 34-5 배재빌딩 B동 6층
편집문의 02) 3705-0134
판매문의 02) 3705-0108
홈페이지 www.randombooks.co.kr

등록 2004년 1월 15일 제 2-3726호
정가 10,000원

ISBN 89-255-0246-1 13690